Watchman Nee

Christus unser Leben

Hänssler-Verlag
Neuhausen bei Stuttgart

ISBN 3 85666 113 1
TELOS-Paperback Nr. 1103
Aus dem Englischen übersetzt

Umschlagentwurf:
Gesamtherstellung:
St.-Johannis-Druckerei, 7630 Lahr-Dinglingen
Printed in Germany 14490/1977

Inhalt

Grund-Lektionen über das praktische Christsein 7

22. Wenn jemand sündigt 9

23. Entschuldigung und Zurückerstattung 24

24. Den Bruder wieder zurechtbringen 43

25. Die Reaktion des Gläubigen 63

26. Befreiung 84

27. Unser Leben 103

28. Der Wille Gottes 119

Grund-Lektionen über das praktische Christsein

Angesichts der dringenden Notwendigkeit einer festen Grundlage für das Christenleben, hielt Bruder Watchman Nee während einer Schulungszeit für Mitarbeiter 1948 in Kuling, Futschou, in China, eine Vortragsreihe über die Grundlagen für ein praktisches Christenleben. Er gab der Hoffnung Ausdruck, daß die Gläubigen diese grundlegenden Anweisungen lernen und befolgen und sie damit einen guten Grund zur Auferbauung des Leibes Christi legen.

Diese Vorträge wurden nun übersetzt und erscheinen in einer sechsbändigen Buchreihe mit den folgenden Titeln:

1. In Hingabe leben
2. Das Bekenntnis
3. Das Zusammenkommen
4. Christus unser Leben
5. Zur Ehre Gottes leben
6. Habt Liebe untereinander

»Übe dich in der Gottseligkeit« (1. Tim. 4, 7), so mahnt der Apostel Paulus. Mögen unsere Herzen durch Gottes Wort so gelehrt werden, daß der Heilige Geist die Möglichkeit erhält, die neue Schöpfung zu vollenden.

Alle Schriftstellen sind, wo nicht anders vermerkt, nach der Bibelübersetzung von Franz Eugen Schlachter wiedergegeben.

Lektion 22

Wenn jemand sündigt

Und der HERR redete zu Mose und Aaron und sprach: Dies ist eine Gesetzesbestimmung, die der HERR geboten hat, indem er sprach: Sage den Kindern Israel, daß« sie zu dir bringen eine tadellose Kuh, an der kein Mangel und auf die noch kein Joch gekommen ist, und gebt sie dem Priester Eleasar, der soll sie vor das Lager hinausführen und daselbst vor seinen Augen schlächten lassen. Danach soll Eleasar, der Priester, mit seinem Finger von dem Blute nehmen und von ihrem Blut siebenmal gegen die Stiftshütte sprengen, und die Kuh soll er vor seinen Augen verbrennen lassen; ihre Haut und ihr Fleisch, dazu ihr Blut samt ihrem Mist soll er verbrennen lassen. Und der Priester soll Zedernholz und Ysop und Karmesin nehmen und es auf die brennende Kuh werfen. Und der Priester soll seine Kleider waschen und seinen Leib im Wasser baden und danach ins Lager gehen; und der Priester soll unrein sein bis an den Abend. Gleicherweise soll der, welcher sie verbrannt hat, seine Kleider mit Wasser waschen und seinen Leib mit Wasser baden und unrein sein bis an den Abend. Und ein reiner Mann soll die Asche von der Kuh sammeln und außerhalb des Lagers an einen reinen Ort schütten, damit sie daselbst für die Gemeinde der Kinder Israel aufbewahrt werde für das Reinigungswasser; denn es ist ein Sündopfer. Und der, welcher die Asche von der Kuh gesammelt hat, soll seine Kleider waschen und unrein sein bis an den Abend. Es soll aber dies eine ewig gültige Satzung sein für die Kinder Israel und für die Fremdlinge, die unter ihnen wohnen: – Ein solcher soll sich mit demselben (Wasser) am dritten und am siebenten Tag entsündigen, so wird er rein. Wenn er sich aber am dritten und am siebenten Tag nicht entsündigt, so wird er nicht rein. Wenn aber jemand den Leichnam eines Menschen anrührt und sich nicht entsündigen wollte, der verunreinigt die Wohnung des HERRN, eine solche Seele soll aus Israel ausgerottet werden, weil das Reinigungswasser nicht über sie gesprengt worden ist; und sie bleibt unrein, ihre Unreinigkeit ist noch an ihr. – Sie sollen nun für den Unreinen von der Asche dieses verbrannten Sündopfers nehmen und lebendiges Wasser darüber tun in ein Geschirr. Und ein reiner Mann soll Ysop nehmen und ins Wasser tunken und das Zelt besprengen und alle Geschirre und alle Seelen, die darin sind; also auch den, der ein Grab angerührt hat. Und der Reine soll den Unreinen besprengen am dritten und am siebenten Tage; so wird er ihn am siebenten Tage entsündigen; und er soll seine Kleider waschen und sich mit Wasser baden, so wird er am Abend rein sein (4. Mose 19, 1–10. 12–13. 17–19).

Wenn wir aber im Lichte wandeln, wie er im Lichte ist, so haben wir Gemeinschaft miteinander, und das Blut Jesu Christi, seines Sohnes, reinigt uns von aller Sünde. Wenn wir sagen, wir haben keine Sünde, so verführen wir uns selbst, und die Wahrheit ist nicht in uns; wenn wir aber unsere Sünden bekennen, so ist er treu und gerecht, daß er uns die Sünden vergibt und uns reinigt von aller Ungerechtigkeit. Wenn wir sagen, wir haben nicht gesündigt, so machen wir ihn zum Lügner, und sein Wort ist nicht in uns. Meine Kindlein, solches schreibe ich euch, damit ihr nicht sündigt! Und wenn jemand sündigt, so haben wir einen Fürsprecher bei dem Vater, Jesus Christus, dem Gerechten; und er ist das Sündopfer für unsere Sünden, aber nicht für die unsren, sondern auch für die der ganzen Welt (1. Joh. 1, 7 – 2, 2).

Die Erlösung durch das Kreuz und das Werk des Heiligen Geistes

Wie kann ein Erlöster, der sündigt, mit Gott wieder in Ordnung kommen? Dies ist ein Problem, das dringend der Lösung bedarf. Wenn er nicht weiß, wie er mit Gott wieder zurechtkommen kann, wird er den Weg zu Gott zurück nicht finden.

1. Das Werk des Herrn und das Werk des Heiligen Geistes und worin sich diese unterscheiden

Durch seinen Tod am Kreuz hat uns der Herr Jesus von all unseren Sünden reingewaschen und erlöst. Als wir zu Jesus kamen, hat uns der Heilige Geist Licht geschenkt und uns unsere Sünden aufgedeckt. Was uns der Heilige Geist zeigte, umfaßte aber nicht alles, was der Herr am Kreuz vollbrachte. Es lohnt sich, diesen Unterschied zu beachten. So wie das Sündopfer in 3. Mose 16 jede Sünde in sich schloß, so trug auch der Herr Jesus am Kreuz alle unsere Sünden. Seine Erlösung umfaßte jede Sünde, die wir möglicherweise während unserer Lebenszeit begehen. Als er am Kreuz starb, hat er in der Tat die Sünden unseres ganzen Lebens auf sich genommen.

Dennoch, wenn wir vom Heiligen Geist erweckt, zum Glauben an den Herrn kommen, kann er uns nur zur Buße über vergangene Sünden bewegen und nicht über alle Sünden unseres ganzen Lebens. Wenn uns der Heilige Geist überführt, dann stützt er sich dabei auf die Sünden, die wir bereits begangen haben, nicht auf jene, die wir noch nicht begangen haben! An dem Tag, da wir errettet werden, sind wir daher vom Licht des Heiligen Geistes bei weitem nicht so vieler Sünden überführt, wie der Herr für uns am Kreuz getragen hat. Was der Herr am Kreuz tat, ist allumfassend; was mir hingegen der Heilige Geist aufdeckt und wofür ich Vergebung empfange, betrifft nur die Sünden, die ich bis zu dem Tage begangen habe, da ich zum erstenmal mein Vertrauen auf den Herrn setze. Der Heilige Geist sucht mich niemals Sünden zu überführen, die ich nicht begangen habe. Solche kann ich weder kennen, noch mich ihrer schuldig fühlen. Es besteht daher ein Unterschied zwischen dem Herrn Jesus, der unsere Sünden trägt und dem Heiligen Geist, der uns unsere Sünden aufdeckt. Das ist es, was uns der Apostel Johannes verständlich zu machen sucht.

2. *Die Grundlage, um die Gnade des Herrn zu kennen*

Alle Sünden der Vergangenheit, all jene, die wir vor dem Tage unserer Errettung begingen, ungeachtet wie alt wir derzeit waren, sind uns sicherlich vergeben. Wir müssen aber wissen, daß die Sünden, die uns zu jenem Zeitpunkt vergeben wurden, weniger sind als die Sünden, die der Herr tatsächlich für uns getragen hat. Wir kennen die Gnade des Herrn nur gemäß der Sünde in unserem persönlichen Leben. Der Herr hat aber all unsere Sünden getragen und dies gemäß seiner genauen Kenntnis, die er über uns besitzt – d. h. alle Sünden, die wir je begehen werden.

Sündigen nach der Errettung

Wenn jemand errettet ist und hernach wieder sündigt, kann ihm das unsägliche Not bereiten. Seit 1921, als ich anfing Gottes Volk zu dienen, bin ich von vielen über dieses Problem des Sündigens nach der Errettung befragt worden. Sie sagen: »Ich weiß, daß mir der Herr alle meine Sünden vergeben hat und daß ich bereits errettet bin und volle Vergebung habe. Aber seit ich errettet bin, habe ich wiederum viele Sünden begangen, und das beunruhigt mich tief. Was kann ich da tun?«

1. *Was der Herr am Kreuz trug*

Ich hoffe, ihr habt alle begriffen, daß all die Sünden, die ihr begehen mögt nachdem ihr errettet seid, in der Erlösung des Herrn Jesus mitenthalten sind – selbst dann, wenn ihr nicht das *Empfinden* habt, daß sie euch vergeben sind.

Angenommen, ein junger Bruder wurde als Sechzehnjähriger errettet und zudem angenommen, er hat bis zu diesem sechzehnten Jahr tausend Sünden begangen. Bei gleichem Verhältnis werden sich, wenn er zweiunddreißig ist, seine Sünden verdoppelt haben – er wird demnach zweitausend begangen haben. Als er aber als Sechzehnjähriger sein Vertrauen auf den Herrn setzte, wird er ohne Zweifel gebetet haben: »Herr, ich danke dir, du hast mir alle meine Sünden vergeben. Du hast sie dort am Kreuz alle auf dich genommen.« Heißt das nicht, daß jede seiner tausend Sünden vergeben ist? Nehmen wir nun an, er sei statt mit sechzehn Jahren, mit zweiunddreißig errettet worden. Was würde er nun zu diesem Zeitpunkt dem Herrn gesagt haben? Wäre es nicht dasselbe Gebet: »Herr, du hast alle meine Sünden auf dich genommen«? Wir können uns überdies denken, daß er, wenn er mit vierundsechzig errettet worden wäre, auch da wiederum genau gleich gebetet hätte: »Herr, du hast alle meine Sünden auf dich genommen.« Es ist daher offensichtlich, daß einer sicher sein kann, daß der Herr all seine Sünden auf sich genommen hat, in welchem Alter er auch errettet werden mag.

2. *Unterschiede in der Erfahrung*

Wenn du mit sechzehn errettet wurdest, dann hat der Herr ohne Zweifel all deine Sünden von Geburt an bis zum sechzehnten Lebensjahr getragen. Du mußt aber ferner wissen, daß er genauso auch all deine Sünden vom sechzehnten bis zum vierundsechzigsten getragen hat. Ob du früher oder später errettet wurdest, der Herr hat so oder so alle deine Sünden hinweggetragen. Sei doch daher nicht so töricht, zu fragen, was der Herr wohl im Blick auf deine Sünden tun kann, die du nach deiner Errettung begangen hast. Hätte er vielleicht deine Sünden nicht auf sich genommen, falls du einige Jahre später errettet worden wärest? Nein, der Herr hat am Kreuz alle deine Sünden getragen. Der Räuber am Kreuz glaubte erst in seinem letzten Atemzug an den Herrn, aber er durfte alle seine Sünden vom Herrn hinweggetragen wissen. Mit andern Worten, der Herr hat tatsächlich die Sünden unseres ganzen Lebens auf sich genommen, wenngleich wir zum Zeitpunkt unserer Errettung nur die Vergebung jener Sünden erfahren, die wir bis dahin begangen haben.

Wie wir zu Gott zurückfinden können, nachdem wir gesündigt haben

Wir haben keineswegs die Absicht, junge Brüder und Schwestern zu einem losen Leben zu ermuntern. In einem spätern Kapitel wollen wir ihnen den Weg des Sieges klarmachen (Kap. 26, »Befreiung«). In diesem Kapitel geht es uns einzig darum, zu zeigen, wie ein Erretter, der gesündigt hat, vor Gott wieder zurechtkommen kann.

1. Das alttestamentliche Vorbild

Wir wollen nun anhand eines alttestamentlichen Vorbildes sehen, wie einer Gott wieder angenehm werden kann, nachdem er gesündigt hat.

Das einzigartige Opfer einer roten Kuh

4. Mose 19 ist ein höchst ungewöhnliches Kapitel im Alten Testament. Alle Opfer in der Bibel sind sonst Ochsen und Widder, aber hier ist es ausnahmsweise eine Kuh. Alle Opfer im Alten Testament wurden geschlachtet und Gott geopfert, aber dieses Opfer der roten Kuh, obschon getötet und verbrannt, unterscheidet sich sehr von den andern. Während alle andern Gott geopfert wurden, um gegenwärtigen Erfordernissen nachzukommen – so das Sündopfer, das Brandopfer oder das Friedensopfer, je nach dem Bedürfnis des Tages – war es einzig die rote Kuh, die nicht einem momentanen Bedürfnis diente. Sie wurde im Blick auf zukünftige Erfordernisse geopfert. Das sollten sich junge Brüder merken.

Durch Moses und Aaron befahl der Herr dem Volk, eine rote Kuh herzubringen. Beachten wir, daß es kein Ochse, sondern eine Kuh sein mußte. Das Geschlecht hat seine besondere Bedeutung in der Bibel. Alles, was die Wahrheit und das Zeugnis betrifft, wird durch das männliche Geschlecht dargestellt, während alles, was von Erfahrung und Leben spricht, durch das weibliche Geschlecht *versinnbildlicht* ist. Dies ist ein Grundsatz, den wir beim Studieren der Bibel zu beachten haben. Abraham stellt die Rechtfertigung durch

Glauben dar; Sarah ist ein Bild für den Gehorsam. Glaube ist gegenständlich, wahrhaftig, ein Zeugnis; Gehorsam ist persönlich und hat sich im Leben zu erweisen. Wo wir auch in der Bibel der Gemeinde begegnen, ist sie immer mit dem weiblichen Geschlechts- oder Fürwort erwähnt, da sie das persönliche Werk des Herrn im Leben von Menschen darstellt. Das Werk der roten Kuh ist daher der Natur nach persönlich und nicht gegenständlich.

Das Blut der roten Kuh

Was mußten sie mit der roten Kuh tun? Nachdem sie geschlachtet war, mußte ihr Blut siebenmal gegen die Vorderseite der Stiftshütte gesprengt werden. Dies wies darauf hin, daß das Blut Gott geopfert wurde. Das Blut wirkt immer zu Gott hin. Wenn es nicht für Gott ist, ist es unnütz. Heute sind wir erlöst, weil Gott uns die Sünden vergeben hat. Indem das Blut der roten Kuh siebenmal gegen die Stiftshütte hin gesprengt wurde, brachte man es Gott dar. In dieser Hinsicht schließt sich dieses Opfer den andern Opfern an. So wie die andern Opfer dazu dienten, vor Gott Sünden zu sühnen, so galt auch dieses Opfer der Sühnung von Sünden.

Das Verbrennen der roten Kuh

Hier erfahren wir, wodurch sich das Opfer der roten Kuh besonders auszeichnete. »Und die Kuh soll er vor seinen Augen verbrennen lassen; ihre Haut und ihr Fleisch, dazu ihr Blut samt ihrem Mist soll er verbrennen lassen« (V. 5). Die ganze Kuh mußte verbrannt werden; nicht das geringste blieb unversehrt. »Und der Priester soll Zedernholz und Ysop und Karmesin nehmen und es auf die brennende Kuh werfen« (V. 6). Die Zedern und der Ysop stellen bildlich die Welt, das ganze Universum dar. In der Beschreibung der Weisheit Salomos lesen wir: »Er redete auch von den Bäumen, von der Zeder auf dem Libanon bis zum Ysop, der aus der Mauer wächst« (1. Kön. 4, 33). So wurde bildhaft mit der roten Kuh die ganze Welt verbrannt. Karmesin ist, wie ich denke, ein Bild für unsere Sünden, lesen wir doch auch in Jesaja 1, 18: »Wenn eure Sünden wie Scharlach sind . . .« Mit andern Worten, mit dieser Kuh, die geopfert wurde, wurden die Sünden der ganzen Welt verzehrt.

In diesem Sinnbild erkennen wir auch eine Darstellung des Kreuzes. Als der Herr Jesus sich Gott opferte, nahm er all unsere Sünden, die Sünden der ganzen Welt mit ans Kreuz. Große Sünden, kleine Sünden, Sünden von gestern, Sünden von heute und Sünden von morgen, alle sind inbegriffen. Selbst Sünden, die menschlich für unverzeihlich gehalten werden, sind ein Teil des Opfers. Alle Sünden wurden auf die rote Kuh geworfen und mit ihr vom Feuer verzehrt.

Die Asche der roten Kuh

Und was geschah nach dem Verbrennen? »Und ein reiner Mann soll die Asche von der Kuh sammeln und außerhalb des Lagers an einen reinen Ort schütten, damit sie daselbst für die Gemeinde der Kinder Israel aufbewahrt werde für das Reinigungswasser; denn es ist ein Sündopfer« (V. 9). »Für das Reinigungswasser«, was hat uns das zu sagen? Hierin liegt die Einzigartigkeit der roten Kuh. Im Gegensatz zu den andern Opfern, deren Blut einzig vor Gott gesprengt wurde, blieb die Asche der roten Kuh für künftigen Gebrauch aufbewahrt. Ihre Kraft lag im Blut. Die Asche, die nach dem Verbrennen der roten Kuh, des Zedernholzes und des Karmesins gesammelt wurde, blieb an einem reinen Ort bereitgehalten. Wozu das? Es war zur Reinigung. Ein Israelite, der eines Tages sündigt, indem er etwas Unreines anrührte, konnte zum Priester gehen, der die Asche mit lebendigem Wasser zu mischen und auf die unreine Person sprengen mußte, damit sie wieder rein wurde. Mit andern Worten, die Asche wurde gebraucht, um Verunreinigung und Sünde hinwegzunehmen.

Nach dem Alten Testament machte jede Sünde ein Opfer notwendig. Aber hier ist es anders. Hier ist ein Mensch, der sein Opfer bereits dargebracht hat und hernach mit etwas Unreinem in Berührung kam. Da er sich verunreinigt hat, kann er mit Gott keine Gemeinschaft haben. Was konnte er da tun? Er mußte zum Priester gehen, damit er ihn mit Reinigungswasser von seiner Befleckung reinige und ihm seine Sünde vergeben werden. Darin besteht der große Unterschied zwischen diesem und den andern Opfern. Die Asche der roten Kuh wurde zur Reinigung von vielen Befleckungen zukünftiger Tage aufbewahrt und bereitgehalten.

Ochsen wurden von Menschen geopfert, die ihrer Sünden bewußt waren. Wenn ich ein Israelite wäre, könnte ich Gott einen Ochsen oder ein Schaf als Sündopfer darbringen, weil ich meiner vielen Sünden gewahr geworden bin. Aber beim Opfer der roten Kuh war das anders. Sie wurde nicht um meiner vergangenen und mir bekannten Sünden willen verbrannt, sondern vielmehr, um für zukünftige Reinigungen verfügbar zu sein. Hierin sehen wir eine andere Seite des Erlösungswerkes des Herrn Jesus, völlig verschieden von dem der Ochsen und Schafe, von denen das Alte Testament spricht.

Neubekehrte sollten auch diese Seite des Werkes des Herrn kennen, die in der Asche der roten Kuh sinnbildlich dargestellt ist. In der Asche ist die ganze Erlösungskraft versinnbildlicht, alle Sünden der Welt sind darin eingeschlossen. Das Blut war in dieser Asche. Wenn immer hernach jemand durch die Berührung von etwas Unreinem befleckt wurde, so mußte er nicht erst eine weitere rote Kuh schlachten; er mußte lediglich mit dem Reinigungswasser besprengt werden, das die Asche einer roten Kuh enthielt. Mit andern Worten, bedarf ein Gläubiger heute keineswegs, daß der Herr ein zweites Mal für ihn wirke, da im Erlösungswerk unseres Herrn auch schon für die Reinigung von all seinen zukünftigen Befleckungen Vorsorge getroffen ist. Der Herr hat bereits vollumfänglich dafür gesorgt.

Die biblische Bedeutung der Asche

Vielleicht fragen sich nun einige, was die Asche zu bedeuten habe. Warum mußte die rote Kuh zu Asche verbrannt werden? Warum mußte diese Asche gesammelt werden?

Als Antwort darauf ist zu sagen, daß Asche in der Bibel als eine stoffliche Grundform gebraucht wird. Sie ist die letzte Form aller Dinge. Ob es nun eine Kuh oder ein Pferd oder was auch immer sein mag, wenn es seine letzte Form angenommen hat, ist es zu Asche geworden. Asche ist daher die letzte, unveränderbare Form. Sie ist nicht nur unveränderlich, sie ist damit auch unverweslich. Sie ist keiner Verrottung oder Zersetzung unterworfen. Sie ist höchst dauerhaft. Sie ist das allerletzte.

Das Erlösungswerk, wie es uns das Verbrennen der roten Kuh bildlich darstellt, verrät uns einen immerwährenden, unveränderlichen Zustand. Was der Herr in seinem Erlösungswerk für uns getan hat, kann nimmermehr verändert werden. Es ist von absoluter Beständigkeit. Glaubt nur nichtq die Felsen der Berge wären unvergänglich, auch sie können noch zu Staub und Asche werden. Asche als die letzte Form aller Materie ist beständiger als der härteste Fels. So ist auch die Erlösung, die der Herr für uns vollbracht, uns allezeit zugänglich. Das Fleisch, die Haut und das Blut der Kuh sind der Verwesung unterworfen, zu Asche verbrannt hingegen, sind sie unverweslich geworden. Unsere Erlösung ist daher ewig wirksam. Wenn wir je etwas Unreines berühren und uns dadurch beflecken, brauchen wir den Herrn nicht zu bitten, nochmals für uns zu sterben. Wir haben die unverwesliche Asche und das lebendige Wasser des Lebens. Wir wissen, die Asche hat immer die gleiche Kraft, uns zu reinigen.

Um es noch anders zu sagen: die Asche der roten Kuh ist ein Bild für das vollendete Werk des Kreuzes, das wir sowohl heute als auch in Zukunft, wenn immer nötig, in Anspruch nehmen können. Wir verkündigen daher, daß die rote Kuh, einmal zu Asche verbrannt, für unser ganzes Erdenleben und in jedem Bedarfsfalle ausreicht. Wir danken Gott für die Genugsamkeit der Erlösung des Herrn Jesus. Wir erkennen immer mehr, daß sein Tod in der Tat all unsere Sünden gesühnt hat.

2. *Im Lichte wandeln*

». . . wenn wir aber im Lichte wandeln, wie er im Lichte ist, so haben wir Gemeinschaft miteinander, und das Blut Jesu Christi, seines Sohnes, reinigt uns von aller Sünde« (1. Joh. 1, 7). Von welchem Licht ist hier die Rede? Es gibt zwei mögliche Deutungen. Nach der einen ist das Licht der Heiligkeit gemeint, nach der andern das Licht des Evangeliums, d. h. Gott, so wie ihn uns das Evangelium offenbart und kundtut.

Viele möchten »Licht« hier gerne als das Licht der Heiligkeit verstanden wissen. So würde dann der erste Teil des Verses, frei gefaßt, wie folgt lauten: ». . . wenn wir in Heiligkeit wandeln, wie Gott in Heiligkeit ist . . .« Durch solch eine Fassung würde jedoch der Rest des Verses bedeutungslos. Es ist uns doch völlig klar, daß wir des Blutes Jesu, des Sohnes Gottes, nicht bedürfen, damit es uns von unseren Sünden reinige, wenn wir heilig sind.

Gott hat eindeutig kundgetan, daß er uns erretten und uns Gnade schenken will. Wenn wir in diesem Lichte sind, wie Gott im Licht der Gnade ist, dem Licht des Evangeliums, dann können wir Gemeinschaft haben miteinander. Durch die Gnade kommen wir zu Gott, so wie er aus Gnade zu uns kommt. Auf diese Weise haben wir Gemeinschaft mit Gott, und dann reinigt uns das Blut Jesu, seines Sohnes, von all unseren Sünden. Dies ist wahrhaftig Gnade.

Mr. J. N. Darby sprach einst im Norden der Vereinigten Staaten in einer Versammlung. Ein frommer Mann der dortigen Methodistengemeinde mit Namen Daniel Steele schätzte ihn sehr, obschon sie nicht gleicher Ansicht waren. Darby legte großen Nachdruck auf die Gnade Gottes, während Steele besonders Gottes Methode betonte. Obschon sie also verschiedene Wege gingen, kam Mr. Steele doch immer wieder, um Darby zu hören. Bei einer solchen Gelegenheit sprach Darby über 1. Johannes 1, 7 und beleuchtete diesen Text als Grundsatz des Evangeliums: »Wenn wir im Lichte des Evangeliums wandeln, wie Gott im Lichte des Evangeliums ist. Früher kannten wir Gott nicht als den Gott, wie er sich im Evangelium offenbart; nun kennen wir ihn durch die Offenbarung des Evangeliums, denn Gott hat sich selbst in diesem Licht der Gnade offenbart. Nachdem wir im Lichte der Gnade seines Evangeliums zu Gott gekommen sind, haben wir nun Gemeinschaft mit Gott.«

Nun konnte Mr. Steele sich nicht mehr länger halten, denn was da Darby lehrte, zerzauste ja seine ganze wesleyanische Lehrmeinung. So stand er auf und wandte ein: »Aber Bruder Darby, angenommen ein wahrer Christ kehrt dem Licht den Rücken zu, was dann?« – »Dann wird das Licht auf seinen Rücken scheinen«, war die Antwort Darbys. Darby tat viele herrliche Aussprüche während seines ganzen Lebens, aber ich denke, dies war einer der besten. In Mr. Steeles Augen bestand keine Hoffnung mehr, wenn einer dem heiligen Licht Gottes widerstand. Darby, der ihn gut kannte, antwortete daher schlicht und einfach: »Dann wird das Licht auf seinen Rücken scheinen.«

Mr. Griffith Thomas, ein anderer Methodist, erkannte dann aber später ebenfalls, daß mit »Licht« hier das Licht des Evangeliums gemeint sein muß, da Gott sich ja erst im Evangelium völlig offenbart hat. Heute haben wir Gemeinschaft mit dem Gott, der uns im Evangelium offenbart ist, und daraus folgend reinigt uns das Blut Jesu, seines Sohnes, von all unseren Sünden. Diese Reinigung ist abhängig von unserem Wandel im Licht.

Wir hoffen, daß neubekehrte Gläubige erkennen, daß Gott ein Gott ist, der sich offenbart. Er verbirgt sich nicht länger in Dunkelheit wie zur Zeit des Alten Testamentes. Heute kann Gott erkannt und verstanden werden. Die Athener beteten einen unbekannten Gott an, den sie weder erkennen noch verstehen konnten, der sich verborgen hielt. Aber heute begegnet uns Gott im Evangelium. Er ist im Licht, und durch dieses Licht können wir ihn erkennen. Wir kennen ihn als Gott, weil er sich offenbart hat. In seinem Licht haben wir Gemeinschaft mit ihm; dementsprechend reinigt uns das Blut Jesu, seines Sohnes, von all unseren Sünden.

3. Das Bekennen und die Gnade der Vergebung

»Wenn wir sagen, wir haben keine Sünde, so verführen wir uns selbst, und die Wahrheit ist nicht in uns« (1. Joh. 1, 8). Wir betrügen uns also selbst, wenn wir sagen, wir hätten keine Sünde. Die Wahrheit ist somit offensichtlich nicht in uns. Dies ist unleugbar.

»Wenn wir aber unsere Sünden bekennen, so ist er treu und gerecht, daß er uns die Sünden vergibt und uns reinigt von aller Ungerechtigkeit« (V. 9). Wenn wir wissen, daß wir gesündigt haben und dies auch bekennen, wird Gott uns unsere Sünden vergeben und uns von aller Ungerechtigkeit reinigen. Er bleibt seinem Wort treu und seinem eigenen Werk gegenüber gerecht; treu seinen gegebenen Verheißungen und gerecht gegenüber dem Erlösungswerk seines Sohnes am Kreuz. Er kann nicht anders, als vergeben, denn er hat es zugesagt; er muß vergeben, um des Erlösungswerkes willen. Auf Grund seiner Treue und Gerechtigkeit wird er uns unsere Sünden vergeben und von aller Ungerechtigkeit reinigen.

»Wenn wir sagen, wir haben nicht gesündigt, so machen wir ihn zum Lügner, und sein Wort ist nicht in uns« (V. 10). Wie können wir sagen, wir hätten nie gesündigt? Damit würden wir Gott zum Lügner machen und die Notwendigkeit einer Erlösung in Zweifel ziehen. Gott hat Vorsorge zu unserer Erlösung getroffen, weil wir gesündigt haben.

»Meine Kindlein, solches schreibe ich euch, damit ihr nicht sündiget! Und wenn jemand sündigt, so haben wir einen Fürsprecher bei dem Vater, Jesus Christus, dem Gerechten« (1. Joh. 2, 1). »Solches« bezieht sich auf die Worte in Kapitel 1, 7–10; im Grunde genommen schildert uns Gott dort die verschiedenen Stellungen, wie wir wegen unseren Sünden vor ihm und zu ihm stehen. Um des Blutes seines Sohnes willen, vergibt uns Gott unsere Sünden. Dank seiner Treue und Gerechtigkeit vergibt er uns und reinigt er uns von aller Ungerechtigkeit. Welcher Art auch die Sünden sind, die wir begangen haben, sie sind alle vergeben.

Was der Herr getan hat, hat er getan um uns ganz zu vergeben und uns von allen unseren Sünden und unserer Ungerechtigkeit völlig zu reinigen. Wenn er sagt »alle«, dann *meint* er zweifellos auch wirklich »alle«. Schmälert sein Wort nicht. Er vergibt uns nicht nur die Sünden unserer Vergangenheit, sondern alle unsere Sünden – sowohl Sünden, die uns bewußt sind als auch solche, die uns nicht bewußt sind. Wir können einer vollkommenen und völligen Vergebung gewiß sein.

»Solches« meint deshalb, daß uns unsere Sünden aufgrund der Verheißung und des Werkes Gottes vergeben sind. Gott hat zu uns gesprochen, damit wir nicht sündigen mögen. Wenn uns die Größe der Vergebung des Herrn bewußt wird, sind wir weit davon entfernt, nachlässig zu werden, wir fühlen uns vielmehr gedrängt, nicht zu sündigen.

Was nun folgt, ist etwas ganz Besonderes. Die bereits erwähnten Sünden sind mehr von allgemeiner Natur, wie auch die diesbezüglich erfahrene Vergebung im Grund eine generelle ist. Wie verhält es sich nun aber mit jenen Sünden, die wir begehen, nachdem wir an den Herrn gläubig wurden? Was für eine zusätzliche Vergebung gibt es da? »Und wenn jemand sündigt« – hier ist ein Gotteskind gemeint –, »so haben wir einen Fürsprecher bei dem Vater, Jesus Christus, den Gerechten.« – »Bei dem Vater« zeigt uns, daß es sich hier um eine Familienangelegenheit handelt. Wir werden zu den *Gotteskindern* gezählt; wir gehören zur Familie. Wir haben einen Fürsprecher beim Vater, eben Jesus Christus, den Gerechten, der das Sühnopfer für unsere Sünden ist. Weil er in seinem Tod das Sühnopfer für unsere Sünden geworden ist, ist er nun unser Fürsprecher beim Vater.

Wenn also ein Christ sündigen sollte; dann hat er einen Fürsprecher beim Vater. Es besteht ein Vater-Sohn-Verhältnis, wenn der, der gesündigt hat, ein Gläubiger ist. Das griechische Wort für Fürsprecher ist *parakletos* und bedeutet »einem zur Seite gerufen«. Es findet zweierlei Anwendung: im privaten Bereich bedeutet es jemand, der einem zur Seite steht und immer bereit ist zu helfen; im Gesetzesbereich hat es die Bedeutung eines Beraters oder Anwaltes, einer Person, die die volle Verantwortung für den Fall übernimmt. Für uns übernahm sie der Herr, als wir zum ersten Male zu seinem Kreuz kamen. Wie hat er sich unseres Falles angenommen? Indem er das Sühnopfer für unsere Sünden wurde, aber nicht nur für die unseren, sondern auch für die der ganzen Welt (1. Joh. 2, 2).

Sühnopfer ist hier vergleichbar mit der Asche der roten Kuh in 4. Mose 19. Wie wir schon erwähnten, ist dort Vorsorge für eine zukünftige Verwendung getroffen worden. In gleicher Weise gründet die Vergebung unserer Sünden, sowohl der gegenwärtigen als auch aller zukünftigen, im vollendeten Werk des Kreuzes. Es besteht folglich kein Bedürfnis für ein neues Kreuz, denn das Erlösungswerk des Kreuzes ist ewig wirkungskräftig.

Neubekehrte sollten klar und nachdrücklich ermahnt werden, nicht mehr zu sündigen. Sie sollten nicht sündigen, und es ist ihnen auch tatsächlich möglich, nicht zu sündigen. Wenn sie aber unseligerweise doch wieder sündigen, dann dürfen sie wissen, daß auch das Blut des Herrn Jesu sie immer wieder zu reinigen vermag. Er ist ihr Verteidiger; er ist der Gerechte. Allein schon die Tatsache, daß er nun beim Vater ist, verbürgt ihnen die Vergebung ihrer Sünden.

Weil dem so ist, braucht ihr nicht unter der Schande der Sünde zu schmachten, als ob ihr euch mit solchem Quälen Heiligkeit verschaffen könntet. Denkt nicht, daß ein Verweilen im Schuldbewußtsein in irgendeiner Weise ein Merkmal der Heiligkeit sei. Wenn jemand sündigt, dann ist das erste, was er zu tun hat, zu Gott zu kommen und zu bekennen: »Ich habe gesündigt.« Dies heißt, sich selbst richten und die Sünde beim Namen nennen. »Wenn wir aber unsere Sünden bekennen, so ist er treu und gerecht, daß er uns die Sünden vergibt und uns reinigt von aller Ungerechtigkeit.« Wenn ihr dies tut, werdet ihr erfahren, daß Gott euch vergibt und daß eure Gemeinschaft mit ihm augenblicklich wieder hergestellt ist.

4. *Der Weg der Wiederherstellung*

Wenn ein Gotteskind sündigt und darin fortfährt, ohne seine Sünde zu bekennen, so bleibt es dennoch Gottes Kind, und Gott ist gleichwohl noch sein Vater. Der Gemeinschaft mit Gott ist es jedoch verlustig gegangen. In seinem Gewissen ist nun ein schwacher Punkt vorhanden, daher kann es Gott nicht unter die Augen treten. Es mag zwar die Gemeinschaft mit Gott suchen, aber es wird dies höchst mühsam und nur in sehr beschränktem Maß möglich finden. Es ist wie bei einem Kind, das etwas Unrechtes getan hat. Selbst wenn die Mutter nichts davon weiß und es daher nicht schelten wird, ist es ihm doch zu Hause recht unbehaglich zumute. Es ist ihm unmöglich, jene köstliche Gemeinschaft zu pflegen, da in ihm ein Gefühl der Distanz besteht.

Es gibt nur einen Weg, wieder zurechtzukommen. Ich muß vor Gott treten und meine Sünde bekennen. Ich glaube, daß der Herr Jesus mein Fürsprecher ist und sich all meiner Sünden angenommen hat. Daher komme ich zu Gott und gebe mein Versagen demütig zu. Ich hoffe auf den Herrn, daß ich hernach nicht wieder so vermessen und unbedacht sein möge. Die Erfahrung hat mich gelehrt, wie gar leicht ich wieder falle. Ich bin nicht besser als andere. Daher bitte ich Gott um Gnade, Schritt für Schritt im Herrn bleiben und mit ihm gehen zu können. Preis sei Gott, wir haben bei ihm einen Fürsprecher, der für uns einsteht.

Gebet

O Gott, wir bitten dich, lehre uns. Wenn irgendmöglich, mögen diese Worte Neubekehrten Gewinn bringen. Herr, es liegt uns wirklich viel an ihrem geistlichen Wohlergehen. Wie sehr verlangt uns doch danach, daß Neubekehrte gut vorankommen und deinen Namen verherrlichen. Mögen sie alle den rechten Weg gehen. Mögen sie aus dem Evangelium einige wesentliche Lektionen lernen, damit du sie brauchen kannst. Lehre uns, wie wir ihnen helfen und sie anleiten können. Wir sind uns bewußt, daß dies bruchstückartige Worte sind, und nicht von großem Wert, dennoch blicken wir zu dir auf und rechnen mit deiner Barmherzigkeit und Gnade. Wenn du uns Gnade schenkst, werden wir sie zu fördern vermögen. Wir, die wir in uns selbst nichts sind, hoffen auf dich und rechnen mit deiner Gnade, denn wir bitten im Namen des Herrn Jesus. Amen.

Entschuldigung und Zurückerstattung

Wenn sich jemand dadurch versündigt und vergreift am Herrn, daß er seinem Volksgenossen etwas Anvertrautes oder Hinterlegtes ableugnet oder gewalttätigerweise raubt; oder wenn er etwas Verlorenes gefunden hat und es ableugnet und schwört einen falschen Eid wegen irgend etwas von alledem, womit sich ein Mensch versündigen mag; wenn er nun, nachdem er also gesündigt hat, sich schuldig fühlt, so soll er den Raub, den er genommen hat, oder das erpreßte Gut, das er sich gewalttätigerweise angeeignet hat, oder das anvertraute Gut, das ihm anvertraut worden, oder das Verlorene, das er gefunden hat, wiedergeben; auch alles, worüber er einen falschen Eid geschworen hat, soll er nach seinem vollen Wert zurückerstatten und noch einen Fünftel dazulegen; und zwar soll er es dem geben, dem es gehört, an dem Tage, da er sein Schuldopfer entrichtet. Sein Schuldopfer aber soll er dem Herrn bringen, einen tadellosen Widder von der Herde nach deiner Schätzung als Schuldopfer, zum Priester. Und der Priester soll ihm Sühne erwirken vor dem HERRN, so wird ihm vergeben werden, was irgend er getan hat von alledem, womit man sich verschulden kann (3. Mose 5, 21–26).

Wenn du nun deine Gabe zum Altar bringst und daselbst eingedenk wirst, daß dein Bruder etwas wider dich habe, so laß deine Gabe dort vor dem Altar und gehe zuvor hin und versöhne dich mit deinem Bruder und alsdann komm und opfere deine Gabe. Sei deinem Widersacher bald geneigt, während du noch mit ihm auf dem Wege bist; damit der Widersacher dich nicht etwa dem Richter überantworte, und der Richter dich dem Gerichtsdiener übergebe, und du ins Gefängnis geworfen werdest. Wahrlich, ich sage dir, du wirst von dort nicht herauskommen, bis du den letzten Heller bezahlt hast! (Matth. 5, 23–26).

Die unerläßliche Gepflogenheit der Entschuldigung und Zurückerstattung

Nachdem wir zum Glauben an den Herrn gekommen sind, müssen wir uns das Entschuldigen und Zurückerstatten zur Gepflogenheit machen und uns darin üben. (Wir sprechen hier nicht von zurückliegenden Dingen. Damit hatten wir uns bereits im zweiten Kapitel befaßt.) Wenn wir jemanden beleidigt oder jemandem Schaden zugefügt haben, sollten wir lernen, unseren Fehler wieder gutzumachen, sei es, indem wir uns entschuldigen oder Schadenersatz leisten. Wenn wir vor Gott bekennen und uns bei den Menschen entschuldigen, bleibt unser Gewissen empfindsam und feinfühlig. Andernfalls wird unser Gewissen abgestumpft und für Gottes Licht unempfänglich. Das Licht vermag einem Menschen nicht leicht zu leuchten, wenn sein Gewissen taub geworden ist.

Der bekannte walisische Erweckungsprediger Evan Roberts pflegte die Leute jeweils zu fragen: »Wann hast du dich das letzte Mal entschuldigt?« Wenn die letzte Entschuldigung schon eine lange Zeit zurücklag, dann konnte etwas nicht stimmen. Es ist ausgeschlossen, daß einer jahrelang leben kann, ohne jemanden zu kränken. Weit eher haben wir andere gekränkt und damit gesündigt, ohne uns dessen bewußt geworden zu sein. Wenn dies der Fall ist, dann ist mit unserem Gewissen etwas nicht in Ordnung; dann ist es verfinstert, ohne Licht und nicht mehr ansprechbar.

»Wann hast du dich das letzte Mal entschuldigt? Daraus, wie lange es her ist, können wir erkennen, ob das Verhältnis eines Menschen zu Gott gestört ist. Wenn es sehr lange her ist, dann wissen wir, daß dem menschlichen Geist das Licht fehlt. Hat er sich hingegen erst kürzlich bei jemandem entschuldigt, dann wissen wir, daß sein Gewissen empfindsam ist. Neubekehrte sollten einsehen, wie wichtig ein empfindsames Gewissen ist, denn dieses allein macht es uns möglich, im Lichte Gottes zu wandeln. Mit einem empfindsamen Gewissen werden wir auch weiterhin unsere Sünden als Sünden verurteilen. Oft müssen wir unsere Sünden Gott bekennen und zudem Menschen um Entschuldigung bitten.

Sünden, für die wir uns zu entschuldigen haben

Für welche Art von Sünde müssen wir uns entschuldigen? Nicht alle Sünden erfordern eine Entschuldigung, aber für solche, durch die andere zu Schaden kamen oder gekränkt wurden, sollten wir uns entschuldigen. Wenn Sünde und was ich tu, einem Bruder oder einem Ungläubigen Verlust einbringt, sollte ich diesem gegenüber mein Bedauern zum Ausdruck bringen. Ich sollte es nicht nur Gott bekennen, sondern auch die betroffene Person um Entschuldigung bitten.

Wir dürfen Gott selbst um Vergebung bitten, aber wie können wir von Gott verlangen, uns im Namen anderer Leute zu vergeben? Gewiß, wir müssen es Gott bekennen und ihn um Vergebung bitten, aber wir sollten es auch bei jenen in Ordnung bringen, die wir gekränkt haben. Das ist von großer Wichtigkeit. Denken wir doch nie, es genüge, Gott allein um Vergebung zu bitten, um unsere Vergehen andern gegenüber wiedergutzumachen.

Andererseits ist es unnötig, sich für Sünden zu entschuldigen, die in keiner Weise Menschen betreffen. Mögen junge Gläubige davor bewahrt bleiben, zu übertreiben und zu weit zu gehen. Worin auch immer die Sünde besteht, die gegen Gott begangen wird, wenn sie keine Person betrifft, braucht sie einzig Gott bekannt zu werden. Wo gegen Menschen gesündigt wird, gilt es unbedingt, sich bei diesen zu entschuldigen.

Wofür wir uns zu entschuldigen haben

Wie sollten wir uns für unsere Sünden entschuldigen? Sehnen wir uns dazu einmal das Schuldopfer in 3. Mose 5 etwas näher an. Das Schuldopfer hat zwei Seiten, denn wer gegen einen Menschen sündigt, sündigt zugleich auch gegen Gott. Jede Sünde gegen einen Menschen ist zugleich eine Mißachtung Gottes. Alle Sünden sind der Herrlichkeit Gottes entgegengesetzt, daher muß der Sünder zuerst Gott ein Schuldopfer darbringen, d. h. seine Sünde bekennen.

Sündopfer und Schuldopfer sind völlig verschiedenartig. Das Sündopfer befaßt sich mit der Sünde als Ganzes; es weist besonders auf den Versöhnungstag hin, wenngleich es nicht auf diesen Tag begrenzt ist. Es löst das Problem der Sünde vor Gott. Das Schuldopfer befaßt sich mehr mit den vielen Sünden, besonders Sünden, die wir gegen andere Menschen begehen. Nach 3. Mose 5 müssen gegen Menschen begangene Sünden auch vor Gott bekannt werden und, um Vergebung zu erlangen, Opfer dargebracht werden.

Das gleiche Kapitel gibt uns aber auch noch weitere Anweisungen über das Schuldopfer. Es zeigt uns, daß wir sowohl Gott Opfer darzubringen, als auch die Sache mit jenen in Ordnung zu bringen haben, gegen die wir uns vergangen haben. Obschon uns einleitend gesagt wird, wie wir uns vor Gott mit verschiedenen Sünden zu befassen haben, wie wir sie zu bekennen haben und vom Kreuz her zuversichtlich Vergebung erwarten dürfen, so ist doch die Sache damit noch nicht erledigt. Wenn wir gegen Menschen gesündigt haben, dann haben wir jede derartige Sache bei den Leuten ins reine zu bringen, gegen die wir uns versündigt haben. Um nun zu sehen, wie diese menschliche Seite zu erledigen ist, wollen wir uns in 3. Mose 5 die Verse 20–26 etwas näher ansehen.

Das Schuldopfer erfordert, daß Angelegenheiten, die andere betreffen, geregelt sein müssen, bevor wir Vergebung erwarten können. Wenn die Sache bei den Menschen nicht in Ordnung gebracht ist, wird uns die Vergebung nicht zuteil werden. Es gilt daher eine mit dem Schuldopfer verknüpfte Bedingung zu erfüllen und zurückzuerstatten, was immer wir an materiellen Dingen andern schuldig sind. Wir wollen nun die in 3. Mose 5 erwähnten Weisungen etwas näher betrachten.

1. Nachlässigkeit im Aufbewahren von Sachen

Die erste Weisung betrifft Sachen, die uns von Mitmenschen zur Aufbewahrung anvertraut werden. Dinge, die uns anvertraut werden, nennt die Bibel Hinterlegtes. Gotteskinder müssen zu Dingen, die bei ihnen hinterlegt werden, Sorge tragen. Wenn möglich, ist es besser, nichts zur Bewahrung anzunehmen. Haben wir es aber angenommen, dann müssen wir es sorgsam bewahren. Geschieht etwas damit, müssen wir für den Schaden aufkommen.

2. Unredliches Handeln

Bei einem Kauf und bei anvertrauten Dingen, können wir unredlich vorgehen. Zum Beispiel können wir uns Anvertrautes für uns behalten und etwas Minderwertiges dafür zurückgeben. Das ist unredlich und ein schändliches Vergehen vor Gott. Wer beim Handeln irgendwelche falschen Methoden anwendet (z. B. lügt, um zu einem Gewinn oder zu etwas zu gelangen, das ihm rechtlich nicht zukommt), hat vor Gott eine Sünde begangen. Gegen ein solches Vorgehen müssen wir unerbittlich ankämpfen, oder, wo es geschehen ist, dies unverzüglich in Ordnung bringen.

3. Raub

Wenn auch unter Gläubigen Raub schwerlich vorkommt, so sollten wir doch darauf bedacht sein und keinerlei Methode anwenden, die auch nur im entferntesten etwas dem Raub ähnliches an sich hat. Stellung oder Einfluß zum eigenen Vorteil benutzen, um zu erlangen, was andern gehört, gehört in diese Kategorie. Solches Tun ist vor Gott und Menschen Sünde.

4. Unterdrücken des Nächsten

Wir sollten niemanden in irgendeiner Weise zu unserem Nutzen täuschen, noch unsere Stellung oder Macht dazu brauchen, sie zu unterdrücken oder uns ihnen gegenüber anmaßend zu verhalten. Gotteskinder sollten solche Dinge nicht tun, denn auch dies ist in Gottes Augen Sünde.

5. Unehrlichkeit mit gefundenen Dingen

Neubekehrte sollten sich besonders in acht nehmen, wenn sie etwas finden. Da sie noch nicht genau wissen, was Gerechtigkeit ist, neigen sie leicht zu Unehrlichkeit mit gefundenen Sachen. Sie können versucht sein, sich einen Vorteil zu verschaffen, indem sie den Wert oder den Betrag oder den Zustand des Gefundenen vermindern, bevor sie es zurückgeben. Sie wollen daraus einen Nutzen ziehen, was vor Gott sündhaft ist.

6. Beschwören einer Lüge

Irgendeine Lüge durch einen Schwur bekräftigen, vorgeben, etwas gesehen oder nicht gesehen zu haben, etwas gewußt oder nicht gewußt zu haben, ist unzweifelhaft eine Sünde, die wir in Ordnung zu bringen haben.

»Irgend etwas von alledem, womit sich ein Mensch versündigen mag« – dies ist jene Seite des Schuldopfers, die unser Handeln an andere betrifft. Bei allen in diesem Abschnitt erwähnten Dingen handelt es sich um materielle Dinge. Ich meine, diese Grundlektion müssen Gotteskinder lernen – nie etwas so zu verdrehen, daß Dinge, die anderen gehören, zu eigenen gemacht werden. Einerlei was wir als Ausrede vorbringen oder wie wir etwas verändern mögen; es ist nicht recht, uns etwas anzueignen, was andern gehört. Was dem anderen gehört ist sein Besitz, davon sollten wir uns nie etwas zu eigen machen. Solches zu tun ist unvereinbar mit unserem Christenstand. Ein Neubekehrter muß daher vom ersten Augenblick seines Christenlebens an lernen, jede Sünde, die er begeht, wahrheitsgemäß Gott zu bekennen. Wenn wir in irgendeinem der oben erwähnten sechs Punkte unredlich handeln, um uns einen Gewinn zu verschaffen, so haben wir eine Sünde begangen.

Ein Christ sollte nicht behalten, was andere verloren haben. Wenn er etwas findet, muß er es dem Eigentümer zurückgeben. Gewisse Landesgesetze erlauben zwar dem Finder, das Gefundene nach einer bestimmten Zeit als sein Eigentum zu betrachten. Als Christen müssen wir aber jederzeit zurückgeben, was wir aufgelesen haben, und nie meinen, es gehöre nun uns. Wenn dies für gefundene Sachen gilt, wieviel mehr dann für Dinge, die wir uns auf andere, schimpfliche Weise angeeignet haben. Es ist nie in Ordnung, wenn wir uns fremden Besitz auf verwerfliche Weise aneignen. Als Gläubige sollen wir andere nie übervorteilen. Dies zu tun, ist eine äußerst schlechte Sitte.

Wir sollten lernen, eine richtige Verhaltensweise zu pflegen und uns damit vor Gott ein unanstößiges Gewissen zu bewahren. Wie bedeutsam ist hier das Wort Gottes: »... wenn er nun, nachdem er also gesündigt hat, sich schuldig fühlt, so soll er den Raub, den er genommen hat, oder das erpreßte Gut, das er sich gewalttätigerweise angeeignet hat, oder das anvertraute Gut, das ihm anvertraut worden, oder das Verlorene, das er gefunden hat, wiedergeben.« Das »wiedergeben« beim Schuldopfer steht in Verbindung mit dem »versöhnen« beim Sühnopfer. Das sind die zwei Seiten eines Schuldopfers – es soll vor Gott versöhnen und vor Menschen wieder in Ordnung bringen. Denkt ja nicht, Versöhnung vor Gott sei genug; die Wiedergutmachung beim Menschen muß ebenfalls sein. Das in 3. Mose 5 eingangs erwähnte Schuldopfer bringt die menschliche Seite nicht in Ordnung, da es für Sünden dargebracht wird, durch die andere weder gekränkt noch zu materiellem Schaden gekommen sind. Hier gibt es folglich nichts zurückzuerstatten. In den

Versen 20 bis 26 haben wir es jedoch mit Vergehen zu tun, durch die körperlicher oder materieller Schaden zugefügt wurde; daher müssen wir als Gläubige solche Schäden wiedergutmachen. »Er soll nach seinem vollen Wert zurückerstatten«, sagt das Wort Gottes.

Wie wir wiedergutzumachen haben

Wie wir bereits früher erwähnten, muß vieles, was wir taten, ehe wir an den Herrn gläubig wurden, gründlich bereinigt werden. Nun müssen wir zudem sagen, daß auch jede Ungerechtigkeit, die wir begehen nachdem wir gläubig wurden, genauso in Ordnung gebracht werden muß. Es ist möglich, nicht zu sündigen; wenn wir aber sündigen, müssen wir dies Gott bekennen. Durch die Asche der roten Kuh wird bildlich dargestellt, daß der Herr unser Mittler ist. Er kann unsere Gemeinschaft mit Gott wiederherstellen. Wenn wir irgend etwas haben, was einem andern gehört, müssen wir es zurückgeben; wir können fremden Besitz nicht zu dem unsrigen machen.

Die Frage ist nun aber, wie wir es wiedergutzumachen haben? Er soll »nach seinem vollen Wert zurückerstatten und noch einen Fünftel dazulegen; und zwar soll er es dem geben, dem es gehört, an dem Tage, da er sein Schuldopfer entrichtet« (V. 24.) Hier gibt es fünf Punkte, die wir zu beachten haben.

1. Die Regel der Wiedergutmachung

Als erstes muß die Rückerstattung erfolgen. Keiner kann sagen: »Alles ist wieder gut«, nur weil er seine Sünde bekannt hat, das aber, was einem andern gehört, immer noch bei sich zu Hause behält. Solange er noch eines andern Besitz in seinem Hause hat, ist er auch offensichtlich noch im Unrecht.

2. Der Grundsatz der Wiedergutmachung

Gott verlangt nun aber von uns, daß wir den vollen Wert zurückerstatten und noch ein Fünftel dazutun. Warum soll dieser fünfte Teil noch beigefügt werden? Der maßgebende Grundsatz verlangt vollumfängliche Rückerstattung, Gott möchte nicht, daß seine

Kinder in irgend etwas nur gerade knapp das mindeste tun. Gott möchte, daß wir immer mehr tun als nur das nötigste. Wenn wir jemanden um Verzeihung bitten oder etwas zurückgeben, sollten wir nicht nur das allermindeste tun, sondern freigebig und reichlich unseren Fehler begleichen.

Großzügig bekennen

Wie ich dafür halte, ist das Bekennen mancher Leute bei weitem knapper, als es einem zusätzlichen Fünftel entsprechend sein müßte. So wird einer etwa bekennen, in *diesem* Punkt gefehlt zu haben und sich dafür entschuldigen, dann aber alsbald sagen, in *jenem* Punkt habe nicht er gesündigt, sondern sei vielmehr gegen ihn gesündigt worden. Das aber, so meine ich, nennt man nicht Bekennen, sondern eine Rechnung begleichen! Hier bin ich im Unrecht, aber da bist du im Fehler – das kann man nicht anders nennen als eine Rechnung begleichen. Geizt daher nicht, wenn ihr um Vergebung bittet. Entschuldigt euch lieber für mehr als für zu wenig. Es hat euch niemand geheißen zu sündigen; warum also nicht etwas mehr tun, um die Sache wieder in Ordnung zu bringen? Das ist der rechte Bekennergeist. Gebt daher auch nicht bloß soviel zurück wie ihr genommen habt. Gotteskinder sollten mehr tun als nur knapp was nötig ist.

Bewahrung unserer Stellung als Kind Gottes

Was immer ein Gotteskind tut, es sollte seine Stellung als Kind Gottes bewahren. So um Entschuldigung bitten, als ob man eine Rechnung zu begleichen hätte, ist die Entschuldigungsart der Kinder der Welt und nicht die Art der Kinder Gottes. Ein Kind Gottes muß offen und aufrichtig zu seiner Versündigung stehen und bei der Wiedergutmachung ein Fünftel dazutun. Wir sollten nicht mit Berechnung bekennen. Abschließend zu sagen, soviel bin ich dir schuldig und soviel bist du mir schuldig, ist wahrhaftig nicht christlich. »Ich war anfangs nicht zornig, ich bin es erst durch deine Worte geworden. Ich bin bereit, meinen Zorn einzugestehen, aber du mußt auch zugeben, harte Worte gebraucht zu haben«, heißt nichts anderes, als eine Rechnung begleichen. Laßt uns daher, wenn wir um Entschuldigung bitten, mehr großmütig sein als knauserig.

Den fünften Teil hinzufügen

Ich glaube, es bringt einen klaren Gewinn ein, wenn der fünfte Teil hinzugefügt wird. Es hilft nämlich, den gleichen Fehler nicht ein zweites Mal zu begehen, weil es ein Verlustgeschäft ist. Besonders Neubekehrte müssen lernen, daß sie wohl vorübergehend etwas zu gewinnen scheinen, daß aber hinterher ein Verlust daraus wird. Was einer nimmt, sind fünf Fünftel, was er aber zurückgeben muß, sind sechs Fünftel. Wenn er es nimmt, scheint er zu gewinnen, aber wenn er es zurückbringt, sagt der Herr zu ihm, er soll den »vollen Wert zurückerstatten und noch ein Fünftel dazulegen.«

3. Der Zeitpunkt der Wiedergutmachung

Die Entschuldigung und Zurückerstattung soll bei der ersten Gelegenheit erfolgen. Hier gilt das Wort: »Und zwar soll er es dem geben, dem es gehört, an dem Tage, da er sein Schuldopfer entrichtet.« Wenn es in eurer Kraft steht und das Gut noch in euerm Besitz ist, dann müßt ihr, sobald ihr euch der Schuld bewußt werdet, es gleichentags zurückgeben. Diese Dinge werden allzugerne hinausgeschoben. Aber gerade weil sie dies hinausschieben, ist das Schuldgefühl bei so manchen Gotteskindern abgestumpft. Wenn euch Licht geschenkt wird und ihr euch einer Schuld bewußt werdet, dann ist dies der Zeitpunkt, da ihr handeln sollt. Es ist am besten, die Sache noch am selben Tag in Ordnung zu bringen. Möchten doch Neubekehrte nie von diesem direkten Weg abweichen. Sucht doch nie andere auszunützen, denn dies macht euch nur schlecht. Es ist ein wichtiger Grundsatz für unser Christenleben hier auf Erden, sich nie auf Kosten anderer Vorteile zu verschaffen. Es ist ungerecht, andere auszunützen. Möchten es Neubekehrte von allem Anfang an lernen, gerecht zu sein.

Ich weiß einige Orte, da pflegen Brüder und Schwestern derlei Dinge öffentlich in Ordnung zu bringen. Ich kann ein solch öffentliches Bekennen, wie es in manchen Erweckungsversammlungen verlangt wird, nicht gutheißen. Ich glaube nicht, daß, was einen einzelnen erzürnt hat, öffentlich zu bekennen ist. Aber ich halte dafür, daß jedes ungerechte Handeln in Ordnung zu bringen ist; andernfalls mangelt es Gotteskindern an Sinn für Gerechtigkeit. Was ihnen dennoch bleibt, ist ein schlechtes Gewissen vor Gott, das das Licht aufhält, welches sie für ihren Weg so notwendig bedürften.

4. Gottes Vergebung suchen

Denkt bitte daran, Entschuldigung oder Zurückerstattung allein genügt nicht. Die Sache ist damit noch nicht erledigt, es gilt ein Weiteres zu tun. »Sein Schuldopfer aber soll er dem Herrn bringen, einen tadellosen Widder von der Herde nach deiner Schätzung als Schuldopfer, zum Priester« (V. 25). Das Sündopfer, von dem anfangs des Kapitels die Rede ist, deckt nur Fehltritte vor Gott, denn da sind keinem Menschen Unannehmlichkeiten bereitet worden. Ab Vers 20 handelt es sich jedoch um Vergehen gegen Menschen, daher muß dies zuerst vor Menschen in Ordnung gebracht werden, dann erst kann man Gott um Vergebung bitten. Solange es vor Menschen nicht geordnet ist, ist es zwecklos, vor Gott zu treten und um Vergebung zu bitten. Es muß einer zuerst zurückerstatten, was er genommen hat; dann erst kann er von Gott Vergebung erlangen. Nachdem der tadellose Widder als Schuldopfer dem Herrn dargebracht war, konnte ihm der Priester vor dem Herrn Sühne erwirken, damit ihm vergeben werde, was irgend er getan hat von alledem, womit man sich verschulden kann (V. 26).

5. Eine zeitlebens gültige Regel

Dies ist eine Angelegenheit von höchster Wichtigkeit. Wir müssen unser Bestes tun, um zurückzuerstatten, was immer wir den Leuten schuldig sein mögen und dann vom Herrn Vergebung durch sein Blut erbitten. Gehen wir nicht geringschätzig über dies hinweg, als wäre es zu elementar. Es mag euch überraschen, feststellen zu müssen, daß derartige Vergehen überall und weitverbreitet vorkommen und an Zahl stetig zunehmen. Wenn wir es nicht genaunehmen, geschieht es leicht einmal, daß wir andere Leute ausnützen. Gotteskinder sollten es sich daher auf Lebenszeit zur Gewohnheit machen und zurückgeben was immer es auch sein mag, das nicht ihnen gehört.

Das Verfahren nach Matthäus 5

Wir sollen uns nun der zweiten, anfangs erwähnten Schriftstelle zuwenden. Diese findet sich in Matthäus 5. Es besteht ein Unterschied zwischen Matthäus 5, 23–26 und 3. Mose 5, 21–26. Während sich die Verse in 3. Mose 5 nur mit materiellem Verschulden befaßten, hat Matthäus 5 einen größeren Anwendungsbereich.

1. Bereinigung aller Verschuldungen

Der letzte Heller in Matthäus 5 bezieht sich nicht unbedingt auf einen Geldbetrag, sondern weist vielmehr darauf hin, daß der Fehlbare noch nicht befreit ist, wenn irgendein Verschulden nicht bereinigt ist.

Versöhne dich zuerst mit deinem Bruder

Laßt uns nun diese Schriftstelle etwas näher ansehen. »Wenn du nun deine Gabe zum Altar bringst und daselbst eingedenk wirst, daß dein Bruder etwas wider dich habe« – dies betrifft besonders Angelegenheiten zwischen Kindern Gottes, zwischen Bruder und Bruder. Es heißt »wenn du deine Gabe zum Altar bringst«, nicht »wenn du betest«. Gerade zu diesem Zeitpunkt wirst du eingedenk, daß dein Bruder etwas gegen dich hat. Dies ist wahrlich Gottes Fügung. In Angelegenheiten dieser Art ruft der Heilige Geist oft gewisse Vorfälle in Erinnerung oder läßt in euch diesbezügliche Gedanken aufsteigen. Wenn dies geschieht, dann stoßt diese Gedanken nicht von euch, als wäre es nur so eine momentane Anwandlung. Befaßt euch vielmehr aufrichtig damit.

Wenn du daran denken mußt, wie sich wohl dein Bruder fühle, dann doch wohl deshalb, weil du ihn gekränkt hast. Solch ein Verschulden kann sowohl materieller als auch geistiger Natur sein, ist aber nichtsdestoweniger ein Verschulden. Du magst ihn durch ungerechtes Handeln erzürnt haben, sei es in materiellen oder nichtmateriellen Dingen; wenn dem so ist, dann hat er etwas gegen dich. Wenn ein Bruder oder sonst jemand, den du gekränkt hast, deinetwegen stöhnt und vor Gott seufzt, dann bist du in Gottes Augen ernstlich behindert.

Als Neubekehrte solltet ihr einsehen, daß, wenn ihr euch nicht entschuldigt und jenen Menschen, gegen den ihr gesündigt habt, um Vergebung bittet, dies für euch nachteilige Folgen hat, wenn er euern Namen mit Seufzen vor Gott erwähnt. All die Gaben, die ihr Gott darbringen wollt, werden nicht angenommen; all eure Gebete stoßen auf taube Ohren. Ihr müßt euch daher sehr in acht nehmen, damit euer Bruder nicht wegen euch vor Gott seufzen muß. Seine Seufzer machen euch unbrauchbar. Euer Weg vor Gott ist blokkiert. Derjenige, dem ihr Verdruß bereitet habt, braucht euch vor Gott nicht anzuklagen; wenn er nur schon zu Gott sagt: »Ach, dieser Mensch«, so werden all deine Opfergaben zurückgewiesen und bleiben deine Gebete ungehört. Sein »Ach, dieser Mensch« genügt vollständig, um deine Anliegen ungehört zu sehen. Geben wir daher keinem Bruder und keiner Schwester Anlaß oder Grund, wegen uns vor Gott seufzen zu müssen. Denn wenn dies geschieht, wird uns der geistliche Weg versperrt, und all unsere Opfer sind umsonst.

Wenn du also, während du deine Gabe zum Altar bringst, daselbst eingedenk wirst, daß ein Bruder etwas gegen dich hat, dann ist es besser, nicht weiterzumachen. Laß aber deine Gabe dort, denn es ist richtig, sie vor Gott zu lassen, im Blick darauf, sie später zu opfern. »Gehe zuvor hin und versöhne dich mit deinem Bruder, und alsdann komm und opfere deine Gabe.« Obschon die Gabe für Gott bestimmt ist, gilt es dennoch, sich zuerst mit dem Menschen zu versöhnen. Wer es unterläßt, sich mit den Menschen zu versöhnen, kann nicht vor Gott kommen und opfern. »Versöhne dich mit deinem Bruder« – was heißt das? Es heißt, seinen Zorn zu beschwichtigen, sei es durch die Bitte um Vergebung oder durch Zurückerstattung. Du mußt dich entschuldigen oder zurückgeben, bis er hinreichend zufrieden ist. Hier geht es nicht mehr um den zusätzlichen fünften, sechsten oder dritten Teil, sondern um die Angelegenheit der Versöhnung. Die Versöhnung schließt die Zufriedenstellung des Gekränkten mit ein.

Weil du gegen ihn gesündigt hast, bist du ihm gegenüber schuldig geworden. Du hast ihm Anlaß gegeben, dich für ungerecht zu halten, deshalb seufzt er nun deinetwegen vor Gott. Weißt du, daß dadurch all deine Verbindungen mit Gott unterbrochen werden? Selbst wenn du der Finsternis in dir noch keineswegs gewahr sein magst, fühlst du dich doch irgendwie verhindert, deine Gabe auf dem Altar darzubringen. Du bist nicht nur unfähig, Gott um irgend etwas zu bitten, du bist auch unfähig, Gott etwas zu geben. Du kannst Gott nicht nur nicht bitten, sich dir zu nahen, du bist auch unfähig, ihm irgend etwas zu opfern. Alles liegt auf dem Altar, aber Gott nimmt nichts davon an. Bevor du zum Altar kommst, mußt du daher deinen Bruder zufriedenstellen. Was immer auch dein Bruder von dir fordern mag, versuche dein Bestes, ihn innerhalb vernünftiger Grenzen zufriedenzustellen. Du solltest lernen, sowohl deines Bruders gerechter Forderung als auch Gottes gerechtem Begehren nachzukommen. Du mußt deinen Bruder gebührend zufriedenstellen, um Gott deine Gabe darbringen zu können. Dies ist fürwahr eine Angelegenheit, die wir nicht ernst genug nehmen können.

Sei deinem Widersacher bald geneigt

Beleidige niemand leichthin, kränke insbesondere keinen Bruder. Tust du es doch, dann fällst du unter ein Urteil, dem schwer zu entrinnen ist. Der Herr mahnt eindringlich: »Sei deinem Widersacher bald geneigt, während du noch mit ihm auf dem Weg bist.« Wie? »Während du noch mit ihm auf dem Weg bist.« Heute sind wir alle noch auf dem Weg. Er ist nicht gestorben, und du bist nicht gestorben. Ihr beide lebt und seid daher noch auf dem Weg. Söhne dich daher schnell mit ihm aus.

Es wird ein Tag kommen, da einer von euch beiden nicht mehr auf dem Weg sein wird. Wer will wissen, wer von euch beiden zuerst sterben wird? Dann ist es zu spät. Solange ihr beide noch auf dem Weg seid, ist immer noch Gelegenheit zu reden und um Vergebung zu bitten, daher solltest du ihm bald geneigt sein. Wie wir wissen, ist das Tor der Erlösung nicht für immer offen. Ebenso ist auch das Tor zur Entschuldigung nicht immer offen. Mitunter mag ein Bruder Reue empfinden, aber keine Gelegenheit mehr haben, um Vergebung zu bitten, weil der andere Beteiligte nicht mehr auf dem Weg ist. Ergreife daher die Gelegenheit, während ihr beide noch auf dem Wege seid. Versöhne dich mit ihm. Bekenntnis und geistliches Leben sind zwei eng miteinander verbundene Dinge. Jetzt ist die Zeit, sich zu versöhnen.

Dies ist wirklich eine sehr ernste Angelegenheit. Wir können uns daher nicht erlauben, sorglos darüber hinwegzugehen. Lernen wir daher vor Gott stehend, uns heute mit unserem Bruder zu versöhnen. Wir sollten dies nicht hinausschieben. Wir sollten es beachten, wenn irgendein Bruder sich über uns beklagt. Wenn wir gefehlt haben, sollten wir unser Bestes versuchen, um uns zu entschuldigen, damit wir die Gelegenheit zur Versöhnung nicht verpassen.

In unserem Text läßt der Herr dann ein Beispiel aus dem menschlichen Leben folgen: »... damit der Widersacher dich nicht etwa dem Richter überantworte, und der Richter dich dem Gerichtsdiener übergebe, und du ins Gefängnis geworfen werdest. Wahrlich, ich sage dir, du wirst von dort nicht herauskommen, bis du den letzten Heller bezahlt hast!« Ich kann hier nicht auf Einzelheiten eingehen. Es ist möglich, daß dies etwas mit dem Königreich zu tun hat. Wir wollen uns hier jedoch weniger mit dem letzten Heller selbst befassen, als vielmehr mit der sich daraus ergebenden praktischen Folgerung. Die Bezahlung des letzten Hellers deutet an, daß die Angelegenheit, worin immer sie auch bestehen mag, ganzheitlich vor Gott geklärt und beigelegt werden muß. Die Sache ist nicht aus dem Weg geräumt, ehe die Schuld voll beglichen ist. Es geht dem Herrn hier nicht darum, uns zu unterrichten, wie wir einmal gerichtet werden, oder wie wir gefangengesetzt oder aus dem Gefängnis wieder herauskommen. Keines davon trifft den Kern seines Anliegens. Er betont hier einzig, daß wir uns noch heute versöhnen müssen. Heute ist der letzte Heller zu bezahlen; verschiebt es daher nicht auf später. Tut es, solange ihr noch auf dem Weg seid. Schiebt es nicht auf. Der Herr zeigt uns hier klar, daß es sich nicht lohnt, dies der Zukunft zu überlassen.

2. *Lern fleißig*

Gotteskinder müssen fleißig lernen, Ersatz zu leisten, wo sie Ersatz schulden, und um Vergebung zu bitten, wo Grund zur Entschuldigung besteht. Alle, die Gott dienen lernen, sollten dieser Angelegenheit ihre besondere Beachtung schenken. Es verschafft Sicherheit, sich fortwährend zu entschuldigen und Genugtuung zu leisten. In dieser Sache nicht klar zu sehen, ist unweise. Wir sollten es nie auf sich beruhen lassen, wenn Brüder oder Schwestern sich in irgend etwas über uns zu beklagen haben. Es sei denn, unser Gewissen ist rein, und wir haben nichts Unrechtes getan, sonst sollen wir unsere Fehler eingestehen. Wir sollten in unserem Verhalten untadelig sein. Es kann unmöglich sein, daß wir immer recht und die andern immer unrecht haben. Es geht nicht an, einfach immer zu sagen, wir wären im Recht, wenn andere sich über uns beklagen.

Das »Wie« der Entschuldigung und der Zurückerstattung

Wir wollen nun sehen, wie wir uns entschuldigen, und wie wir zurückerstatten sollen.

1. Der Umfang

In Sachen Entschuldigung oder Wiedergutmachung bestimmt die begangene Sünde selbst den Umfang der Entschuldigung oder der Zurückerstattung. Wir wollen nicht, daß hier jemand zu weit geht. Wir möchten, daß Brüder und Schwestern in Übereinstimmung mit dem Wort Gottes handeln und nicht übertreiben. Jedes Übermaß verschafft nur dem Satan Angriffsgelegenheiten. Die Reichweite der Entschuldigung hat derjenigen der Sünde zu entsprechen. Wenn ihr gegen alle gesündigt habt, dann bekennt dies auch vor allen. Wenn es nur gegen einen einzelnen geschah, dann bekennt es auch nur diesem. Nur einem bekennen, wenn wir gegen alle gesündigt haben, genügt nicht; allen bekennen, wenn wir nur gegen einen gesündigt haben, ist übertrieben. Der Bereich der Versündigung bestimmt auch den Bereich des Bekennens. Ich habe öfters in persönlicher Weise gesündigt, und da drängt es mich mitunter, davon vor Brüdern und Schwestern Zeugnis abzulegen. Das ist wieder etwas anderes und müßte für sich erörtert werden. Aber was Entschuldigung und Zurückerstattung anbelangt, ist der Umfang bei beiden klar begrenzt. Darauf müssen wir stets genau achten.

2. Andere beschuldigen ist ungerecht

Wenn zwei Menschen gemeinsam sündigen, z. B. stehlen oder lügen, um zu etwas zu kommen, dann sollte derjenige, der sich geführt sieht, um Vergebung zu bitten oder Wiedergutmachung zu leisten, den andern nicht auch beschuldigen. Wovon auch immer wir Mitkenntnis haben, handelt es sich um etwas Anvertrautes. Wer das Vertrauen verletzt, begeht eine Ungerechtigkeit. Wenn mich jemand über eine gewisse Sache informiert, ist dies gleichbedeutend, wie wenn mir ein Geldbetrag anvertraut wird. Etwas Anvertrautes verkaufen, wäre ungerecht. Denkt daran, es wäre genauso ungerecht von euch, irgend etwas zu verraten, was euch vertraulich mitgeteilt wurde. Wenn ihr euch daher zu entschuldigen oder etwas zurückzuzahlen habt, dann beschuldigt einen allenfalls Mitbeteiligten nicht, damit ihr nicht erneut Unrecht auf euch ladet.

3. Sünden, die nicht zu bekennen sind

Es gibt bestimmte Sünden, die man nicht bekennen sollte. So solltet ihr dann nicht bekennen, um euerm Gewissen Ruhe zu verschaffen, wenn dadurch derjenige seinen Frieden verlustig geht, dem ihr es bekennt. Euch Frieden zu verschaffen, ihn einem andern r dadurch zu rauben, das solltet ihr nicht tun. Ein Beispiel: Angenommen, ein Mädchen hat etwas schrecklich Unrechtes getan. Es hat gegen seine Mutter gesündigt, ohne daß die Mutter dies bemerkt hat. Die Mutter, ebenfalls ein Gemeindeglied, ist ihres Heils noch nicht so gewiß und hat überdies ein hitziges Temperament. Die Tochter, von Gott erleuchtet, ist ihrer Sünde überführt. Sie fühlt sich darob schrecklich unglücklich und dauernd beunruhigt. Schließlich bekennt sie der Mutter ihr sündiges Verhalten. Nach diesem Bekenntnis hat die Tochter wieder Frieden in ihrem Herzen. Die Mutter hingegen ist seit diesem Tag derart beunruhigt und aufgeregt, daß sie Tag und Nacht gegen sie loszieht. Während also die Tochter den Frieden wiedergefunden hat, hat die Mutter den ihren verloren. Es gilt daher für uns der Grundsatz, unseren Frieden nie um den Preis des Friedens eines andern wiedererlangen zu wollen.

4. Die verantwortlichen Brüder um Rat fragen

Neubekehrte sollten in Sachen Entschuldigung öfters die verantwortlichen Brüder um Rat fragen. Auf diese Weise können sie, unter dem Schutz der Gemeinde, was zu tun ist, richtig und ohne zu übertreiben tun. Sprecht mit den verantwortlichen Brüdern darüber, sie werden euch gerne unterweisen, was ihr bekennen und was ihr nicht bekennen sollt.

5. Die Verantwortung der Gemeinde

Die Gemeinde, besonders die Mitarbeiter und verantwortlichen Brüder, sollten die Neubekehrten unterweisen, wie sie in den Fällen vorzugehen haben, die eine Entschuldigung oder Zurückerstattung erfordern. Viele Sünden haben wir ausführlich zu bekennen, aber es gibt bestimmte Sünden, die wir nur indirekt erwähnen sollten, damit nicht andern daraus Nachteile erwachsen.

6. Ein außerordentlicher Fall

Ich weiß von einem Fall zwischen einer Schwester und deren Schwägerin. Letztere tat viel Böses hinter dem Rücken dieser Schwester, aber die Schwester wußte nicht, wer dahinter steckte. Als dann die Schwägerin später der Schwester ihre Vergehen bekannte, wurde die Sache schlimmer. Es ereignete sich darauf viel Unerfreuliches. Hätte die Schwägerin lediglich gesagt, daß es ihr leid sei, manches gegen die Schwester gesagt und getan zu haben, dann hätte dies wohl kaum ernstliche Folgen gehabt. Unglücklicherweise bekannte sie jedoch alles bis in die letzten Einzelheiten. Gewiß, sie war darauf von ihrem bösen Gewissen befreit, aber nun verlor ihr Gegenüber den Halt und ging dazu über, mancherlei Sünden zu begehen.

Vor solchen Fehlern sollten wir alle bewahrt bleiben. Die verantwortlichen Brüder sollten daher die Gläubigen richtig bekennen lehren. Gewisse Dinge können bis ins einzelne erklärt werden, andere sollten lediglich allgemein erwähnt werden. Gewissen Leuten kann alles gesagt werden, während andern besser keine Einzelheiten mitgeteilt werden. Wir haben hier demnach sehr unterschiedlich vorzugehen.

7. Wiedergutmachungsbriefe

Was die Wiedergutmachung betrifft, seid ihr möglicherweise gar nicht in der Lage, die Schuld zurückzuzahlen. In Ordnung bringen wollen und es tun können, ist zweierlei. Wenn ihr die Mittel nicht habt, um zurückzuzahlen, dann müßt ihr zumindest einen Wiedergutmachungsbrief schreiben. Ihr könnt aufrichtig schreiben: »Ich will es zurückzahlen, bin aber momentan dazu nicht in der Lage. Bitte verzeihen Sie mir. Ich werde es, sobald ich kann, unverzüglich zurückzahlen.« Dies sollte auf keinen Fall versäumt werden.

8. Wenn keine Möglichkeit besteht

Wenn jemand gestorben ist, kann er natürlich keine Rückzahlung mehr in Empfang nehmen. In diesem Falle müßtet ihr, nach dem Alten Testament, eure Rückzahlung den Leviten abliefern. Wenn nun heute kein Empfänger für eure Rückzahlung da ist, dann gebt es, nach dem gleichen Grundsatz, der Gemeinde. Ist aber noch ein rechtmäßiger Empfänger da, dann kann es die Gemeinde nicht anstelle des Geschädigten annehmen. Wenn dieser gestorben ist, dann gebt es seinen Verwandten; sind auch keine Verwandten mehr da, dann gebt es der Gemeinde. Obschon es für euch bequemer wäre, könnt ihr es nicht der Gemeinde geben, solange noch ein berechtigter Empfänger da ist.

Wo es um das Entschuldigen geht, sollt ihr, wenn die betreffende Person gestorben ist, nach dem oben beschriebenen Grundsatz, die Sache der Gemeinde bekennen. Ihr sollt eure Bereitschaft bekunden, um Vergebung bitten zu wollen und dann Gott um seinen Segen bitten.

9. Schwierigkeiten beseitigt

Die Gemeinde muß für solche Angelegenheiten besondere Vorkehrungen treffen. Die Gemeinde sollte Brüdern und Schwestern helfen, sich passend zu entschuldigen und gerecht zurückzuerstatten. Jeder von uns muß geistlich richtig stehen. Wir dürfen weder andere beschuldigen noch uns vor unserer Verantwortung drücken. Wir müssen uns entschuldigen und müssen wiedergutmachen. Wenn wir Hilfe brauchen, sollten wir die verantwortlichen Brüder darum bitten, damit wir tun können, was zu tun wir schuldig sind. In Verbindung mit der Gemeinde bewahren wir uns aber auch davor, mehr zu tun als erforderlich ist.

10. Ein reines Gewissen

Endlich ist es auch von Wichtigkeit, daß keiner, weil er sich jeweils entschuldigt, unter übermäßige Anklage fällt. Dies ist sehr leicht möglich. Jeder einzelne muß wissen, daß das Blut des Herrn sein Gewissen reinigt. Durch des Herrn Tod können wir ein vor Gott unanstößiges Gewissen haben. Der Tod des Herrn macht es jedem möglich, sich Gott nahen zu können. So ist es in Wirklichkeit. Andererseits muß auch jeder einsehen, daß er, um in den Augen der Welt sauber dazustehen, sich mit seinen vielen Sünden befassen und sie in Ordnung bringen muß. Ob er in materiellen Dingen oder auf andern Gebieten gegen Menschen sündigt, er sollte stets bereit sein, die Sache in Ordnung zu bringen. Erlaubt es aber dem Satan nie und nimmer, mit übermäßigen Anklagen auf euch einzustürmen.

»So bekennet denn einander die Sünden« (Jak. 5, 16). Wozu? »Damit ihr geheilt werdet.« Nicht selten sind Gotteskinder nur deshalb krank, weil es zwischen ihnen ungeordnete Dinge gibt. Sobald sie jedoch einander bekennen, sind sie von ihrer Krankheit geheilt. Mögen sich Neubekehrte allezeit rein bewahren, indem sie ihre Sünden fortwährend vor Gott bekennen und alles, womit sie Menschen Anstoß gegeben haben, aus dem Wege räumen. So wird ihr Gewissen gesund und rein und gut bleiben.

Den Bruder wieder zurechtbringen

Ein Problem das ebenfalls gelöst werden muß, ist jenes, was wir tun sollen, wenn jemand gegen uns sündigt. Es geht hier also nicht darum, was wir tun sollen, wenn wir gegen andere sündigen, sondern darum, was wir tun sollen, wenn Gläubige gegen uns sündigen. Laßt uns dazu Matthäus 18, 15–35 lesen, wo uns im Blick auf diese Frage besondere Anweisungen gegeben werden.

Wenn aber dein Bruder an dir gesündigt hat, so gehe hin und weise ihn zurecht unter vier Augen. Hört er auf dich, so hast du deinen Bruder gewonnen. Hört er aber nicht, so nimm noch einen oder zwei mit dir, damit jede Sache auf der Aussage von zwei oder drei Zeugen beruhe. Hört er aber diese nicht, so sage es der Gemeinde. Hört er aber auch die Gemeinde nicht, so gelte er dir wie ein Heide und Zöllner. Wahrlich, ich sage euch, was ihr auf Erden binden werdet, das wird im Himmel gebunden sein, und was ihr auf Erden lösen werdet, das wird im Himmel gelöst sein. Weiter sage ich euch, wenn zwei von euch übereinkommen werden auf Erden über irgendeine Sache, für die sie bitten wollen, so soll sie ihnen zuteil werden von meinem Vater im Himmel. Denn wo zwei oder drei in meinem Namen versammelt sind, da bin ich mitten unter ihnen.

Da trat Petrus herzu und sprach: Herr, wie oft soll ich meinem Bruder vergeben, welcher gegen mich sündigt? Bis siebenmal? Jesus antwortete ihm: Ich sage dir, nicht bis siebenmal, sondern bis siebzigmalsiebenmal! Darum ist das Himmelreich gleich einem Könige, der mit seinen Knechten rechnen wollte. Und als er anfing zu rechnen, ward einer vor ihn gebracht, der war zehntausend Talente schuldig. Da er aber nicht bezahlen konnte, befahl sein Herr, ihn und sein Weib und seine Kinder und alles, was er hatte, zu verkaufen und also zu bezahlen. Da warf sich der Knecht vor ihm nieder und sprach: Herr, habe Geduld mit mir, so will ich dir alles bezahlen! Da erbarmte sich der Herr dieses Knechtes und gab ihn frei und erließ ihm die Schuld. Als aber dieser Knecht hinausging, fand er einen Mitknecht, der war ihm hundert Denare schuldig; den ergriff er, würgte ihn und sprach: Bezahle, was du schuldig bist! Da warf sich sein Mitknecht nieder, bat ihn und sprach: Habe Geduld mit mir, so will ich dir alles bezahlen! Er aber wollte nicht, sondern ging hin und warf ihn ins Gefängnis, bis er bezahlt hätte, was er schuldig war. Als aber seine Mitknechte sahen, was geschehen war, wurden sie sehr betrübt, kamen und berichteten ihrem Herrn die ganze Geschichte. Da ließ sein Herr ihn kommen und sprach zu ihm: Du böser Knecht! Jene ganze Schuld habe ich dir erlassen, weil du mich batest; solltest denn nicht auch du dich über deinen Mitknecht erbarmen, wie ich mich über dich erbarmt habe? Und voll Zorn übergab ihn sein Herr den Peinigern, bis er alles bezahlt hätte, was er schuldig war. Also wird auch mein himmlischer Vater mit euch verfahren, wenn wir nicht ein jeder seinem Bruder von Herzen die Fehler vergebet (Matth. 18, 15–35).

Bei genauer Betrachtung dieses Abschnittes erkennen wir, daß er sich in zwei Teile teilen läßt: einen ersten über die Vergebung (V. 21–35), und einen zweiten, der vom Überführen handelt (V. 15–20). Der Herr belehrt uns, daß wenn unser Bruder gegen uns sündigt, unsere erste Verantwortung darin besteht, ihm vor Gott zu vergeben, und unsere zweite Verantwortung darin, ihn vor Gott zurechtzuweisen. Wir erinnern öfters an die Pflicht zu vergeben, wir sollten aber die Pflicht des Ermahnens und Zurechtweisens genauso betonen.

Die erste Pflicht – Vergeben

»Da trat Petrus herzu und sprach: Herr, wie oft soll ich meinem Bruder vergeben, welcher gegen mich sündigt? Bis siebenmal?« (V. 21). Wir finden diese Angelegenheit nicht nur im Evangelium nach Matthäus erwähnt, sondern auch bei Lukas, dort allerdings etwas unterschiedlich.

1. Vergib uneingeschränkt

»Habt acht auf euch selbst! Wenn aber dein Bruder sündigt, so weise ihn zurecht; und wenn es ihn reut, so vergib ihm. Und wenn er siebenmal des Tages wider dich sündigte und siebenmal wieder zu dir käme und spräche: Es reut mich! – so sollst du ihm vergeben« (Luk. 17, 3–4). Dieser Bericht ist ähnlich wie der bei Matthäus, aber doch nicht völlig gleich. Die Worte nach Matthäus scheinen ein schwereres Gewicht zu haben. Nach diesen haben wir nicht nur siebenmal zu vergeben, sondern siebzigmalsiebenmal. »Siebzigmalsiebenmal« bedeutet, daß Gotteskinder ihren Brüdern unbegrenzt vergeben müssen. Wenn wir siebzigmalsiebenmal und nicht nur siebenmal zu vergeben haben, hören wir von selbst auf zu zählen.

Lukas seinerseits schärft uns ein, daß wir dem Bruder, der gegen uns sündigt und es dann bereut und uns um Vergebung bittet, vergeben müssen, selbst wenn dies siebenmal des Tages geschieht. Es geht hier nicht darum, ob seine Reue echt ist oder nur vorgetäuscht. Wir haben dies nicht zu untersuchen. Wenn er sagt, er bereue es, dann vergeben wir und überlassen die Frage der Reue ihm.

Eine gleiche Verfehlung während einer längeren Zeitspanne siebenmal zu vergeben, mag uns vielleicht noch gangbar erscheinen, aber dasselbe siebenmal am gleichen Tag vergeben, das ist dann schon etwas anderes. Da begeht der gleiche am gleichen Tag siebenmal den gleichen Fehler, und jedesmal kommt er und sagt, es täte ihm leid. Wer kann da noch glauben, daß seine Entschuldigung ernst gemeint ist? Möglicherweise erscheinen euch seine Worte nur zu bald als leere Lippenbekenntnisse. Kein Wunder lesen wir im folgenden Vers: »Und die Apostel sprachen zum Herrn: Mehre uns den Glauben!« (V. 5). Nachdem sie dem Sünder so viele Male vergeben hatten, war ihr Glaube geschwunden. Sie standen da wirklich vor einem Problem. Es schien unbegreiflich, daß die gleiche Person, am gleichen Tag siebenmal kommen und aufrichtig um Vergebung bitten könnte. Sie hatten Mühe, zu glauben, daß es ihm dabei noch Ernst sein konnte. Sie hatten den Glauben verloren, darum baten sie den Herrn, ihnen den Glauben zu mehren. Gottes Antwort war klar: Seine Kinder müssen selbst unter solch schwierigen Umständen vergeben. Wir dürfen im Vergeben nicht erlahmen; wir dürfen der Sünden dessen, der gegen uns gesündigt hat, nicht mehr gedenken.

2. *Vergib großmütig*

Der Herr sagte ihnen darauf noch ein Gleichnis.

Darum ist das Himmelreich gleich einem Könige, der mit seinen Knechten rechnen wollte. Und als er anfing zu rechnen, ward einer vor ihn gebracht, der war zehntausend Talente schuldig. Da er aber nicht bezahlen konnte, befahl sein Herr, ihn und sein Weib und seine Kinder und alles, was er hatte, zu verkaufen und also zu bezahlen. Da warf sich der Knecht vor ihm nieder und sprach: Herr, habe Geduld mit mir, so will ich dir alles bezahlen! Da erbarmte sich der Herr dieses Knechtes und gab ihn frei und erließ ihm die Schuld (Matth. 18, 23–27).

Hier gibt es einige wichtige Punkte, die wir zu beachten haben. Was wir für ewig schuldig bleiben, übersteigt was wir zurückzuzahlen vermögen. Wir schulden Gott zehntausend Talente, weit mehr als wir je zurückzahlen könnten, denn es gibt nichts, womit wir diese Schuld tilgen könnten. Wir alle müssen uns einmal der Masse unserer eigenen Verschuldung gegen Gott so richtig bewußt werden, damit wir die Schuld unseres Bruders großmütig zu vergeben vermögen. Wenn wir vergessen, wie groß die Gnade ist, die Gott uns erwiesen hat, dann werden wir höchst unwillige Menschen. Um zu sehen, wie wenig es ist, was die Leute uns schulden, müssen wir einsehen, wieviel wir Gott schulden.

In diesem Gleichnis schuldete der Knecht seinem Herrn zehntausend Talente. Das war eine riesige Summe Geldes, die zurückzuzahlen er keine Möglichkeit sah, darum heißt es: »Da er aber nicht bezahlen konnte...« Vergessen wir doch nie, daß unsere Verschuldung gegen Gott unsere Zahlungsfähigkeit immer bei weitem übersteigt. Die Differenz zwischen dem, was die Leute uns schulden, und dem, was wir Gott schuldig sind, ist unermeßlich groß. Selbst als der Herr befahl, »ihn und sein Weib und seine Kinder und alles, was er hatte, zu verkaufen«, reichte es doch nie und nimmer, um die Schuld zu begleichen. Deshalb »warf sich der Knecht vor ihm nieder und sprach: Herr, habe Geduld mit mir, so will ich dir alles bezahlen«.

Nach Gottes Maß

Wir Menschen werden nie ganz verstehen, was Gnade ist. Wir begreifen nicht recht, was das Evangelium in sich schließt. Wir sind eher geneigt, zu Gott zu sagen, daß wir das, was wir heute nicht zu tun imstande sind, später tun wollen. Wie unvernünftig war es doch von diesem Knecht, um Aufschub zu bitten, wo doch der Erlös, selbst wenn er sich und alles, was er hatte, verkaufte, gleichwohl unmöglich ausreichte, um die Schuld zurückzuzahlen. Er bat: »Herr, habe Geduld mit mir, so will ich dir alles bezahlen.« Das war etwa wie wenn er sagen wollte: »Laß mir nur Zeit. Ich meine es wirklich aufrichtig. Ich gedenke keineswegs mich vor dieser Schuld zu drücken. Ich bitte lediglich um mehr Zeit, so daß ich sie zurückzahlen kann.« Die Errettung erfolgt jedoch nicht gemäß unseren menschlichen Vorstellungen, sondern nach Gottes Maß.

Wir sehen es gerne, wenn Menschen beten, und sehen besonders gerne, wie Gott Gebete erhört. Er erhört aber nicht unbedingt dem Gebet gemäß. Gott hört das Gebet, aber er geht nicht immer darauf ein, worum wir ihn bitten. Der Räuber am Kreuz betete: »Herr, gedenke meiner, wenn du zu deiner Königswürde kommst.« Der Herr hörte ihn beten, aber er erhörte ihn nicht so, wie er gebetet hatte. Seine Antwort lautete: »...heute wirst du mit mir im Paradiese sein« (Luk. 23, 42–43). Gott errettet uns nach seinem Plan und nicht nach der Vorstellung des Sünders. Gott folgt bei der Errettung nicht den beschränkten Gedankengängen der Menschen, wie sie denken, daß er sie erretten sollte. Sie erfolgt vielmehr nach Gottes eigenen Gedanken, so wie er es gerne tun möchte. Der Herr wollte den bußfertigen Räuber am selben Tag bei sich im Paradiese haben; er wollte nicht warten bis das Reich Gottes gekommen ist, um erst dann seiner zu gedenken.

Der Zöllner betete im Tempel, schlug an seine Brust und sagte: »O Gott, sei mir Sünder gnädig!« (Luk. 18, 9–14). Alles, was er tun konnte, war um Gnade zu flehen. Und Gott erhörte ihn, aber nicht seinem Gebet gemäß. Hört was der Herr Jesus sagte: »...dieser ging gerechtfertigt in sein Haus hinab.« Seht ihr, das war weit mehr als der Sünder erwarten konnte. Ein Sünder bittet um Gnade; er würde nie auch nur daran denken, gerechtgesprochen zu werden. Aber Gott sagt, daß dieser Mann gerechtfertigt war. Das war für ihn gleichbedeutend, wie wenn er nie gesündigt hätte; er war nicht nur nicht mehr sündig, sondern war nun auch tatsächlich gerecht. Nicht nur seine Sünden wurden ihm vergeben, er durfte zudem gerechtfertigt nach Hause gehen. Der Herr vollzieht die Erlösung nicht so, wie der Mensch es sich vorstellt, sondern gemäß seinen eigenen göttlichen Gedanken.

Das lehrt uns auch die Rückkehr des verlorenen Sohnes. Zu Hause angelangt, bat er darum, Taglöhner werden zu dürfen. Schon als er sich noch im fernen Land befand, und bevor er sich aufmachte, seinem Vater zu begegnen, hatte er sich darauf eingestellt und sich entschlossen, als Knecht nach Hause zu gehen. Doch als er zu Hause ankam, wurde er keineswegs zum Knecht gemacht. Der Vater ließ ihm vielmehr die besten Kleider anziehen und einen Ring an die Hand und Schuhe an die Füße geben und zudem das fetteste Kalb für ihn schlachten, um seine Rückkehr zu feiern. Ich liebe das Wörtchen »das«, denn damit war das fetteste von all den fetten Kälbern gemeint. Der Vater ließ das Kalb, von dem alle wußten, daß es das bestgemästete war, herbringen, daß es geschlachtet und gegessen werde. Er lud alle seine Nachbarn und Freunde ein, mitzuessen und sich mit ihm zu freuen, und sagte: »Dieser mein Sohn war tot und ist wieder lebendig geworden; er war verloren und ist wieder gefunden worden« (Luk. 15, 11–32). Laßt euch auch hier wiederum sagen, Gott ist in seinem Handeln nicht den Vorstellungen des Sünders gefolgt, sondern seinen eigenen Gedankengängen.

Einige andere brachten einen Gelähmten zu Jesus. Sie hofften, daß der Herr ihn heilen würde. Der Herr erhörte sie auch, doch nicht nur ihrem eigenen Wunsch gemäß. Sie hofften zu sehen, wie der Gelähmte zu gehen anfängt, doch der Herr Jesus sagte zuerst einmal zu ihm: »Sohn, deine Sünden sind dir vergeben« (Mark. 2, 1–12). Worin besteht demnach das Evangelium? Es besteht darin, daß Gott wirkt, bis er selbst zufriedengestellt ist. So laßt uns denn Menschen zu Gott führen und für sie beten. Es kommt dabei wirklich nicht darauf an, ob wir gut zu beten verstehen oder nicht, denn Gott wird wirken bis das Werk auch ihn zufriedenstellt. Er will nicht nur gerade den Sünder zufriedenstellen; er muß sich selbst zufriedenstellen. Dem verlorenen Sohn hätte es vollauf genügt, wieder Brot zu essen zu haben. Aber was dem verlorenen Sohn genug gewesen wäre, war keineswegs genug für den Vater. Die Errettung muß so durchgeführt werden, daß sie den Vater zufriedenstellt und nicht nur gerade den verlorenen Sohn. Wir müssen die Errettung stets von Gottes Standpunkt aus betrachten.

Der Knecht flehte seinen Meister an: »Hab Geduld mit mir, ich will dir ja alles zurückzahlen. Ich will mein Bestes versuchen. Ich werde es im Laufe der Zeit abtragen. Möglicherweise kann ich sogar alles zurückzahlen.« Wer immer auch sich Gott naht und ihn um Gnade bittet, dem wird sie zuteil werden, selbst wenn er noch gar nicht recht weiß, was Gnade ist. Das ist ein Grundsatz, den wir kennen müssen – der Herr läßt uns mit Freuden Gnade widerfahren. Wenn ihr nur schon den leisesten Wunsch nach Gnade zum Ausdruck bringt, so wird sie euch zuteil werden. Das einzige, was dem Herrn Sorge bereitet, ist, daß wir nicht bitten. Wer auf Gnade hofft, wird Gnade erfahren. Gott wird Gnade geben bis auch sein eigenes Herz zufriedengestellt ist. Ihr mögt ihn vielleicht um einen Dollar bitten, da dies euch vollauf genügt; er aber will euch nicht nur einen Dollar geben – er will euch tausend Dollar geben. Er muß wirken, bis es ihn selbst zufriedenstellt. Er kann sich selbst nicht verleugnen. Wenn er gibt, gibt er immer so, wie es seinem Wesen entspricht.

Der Knecht erklärte, im Laufe der Zeit zurückzahlen zu wollen. »Da erbarmte sich der Herr dieses Knechtes und gab ihn frei und erließ ihm die Schuld.« Erkennt ihr nun darin die Frohbotschaft? Gott handelt nicht nach eurem Wunsch. Wenn ihr sagt: »Herr, habe Geduld mit mir, laß es mich nach und nach abtragen, bis alles bezahlt ist,« dann antwortet der Herr nicht mit: »Gut, zahle was du jetzt kannst und begleiche den Rest in zukünftigen Zeiten.« Laßt es euch sagen, unser Gebet um Gnade ist nie hoch genug gesteckt. Wenn ich die Bibel studiere, komme ich immer mehr zur Ansicht, daß all unsere Gebete und Bitten weit hinter dem zurückbleiben, was der Herr für uns bereit hält. Unser Herr erhört unsere Gebete nach dem, was er hat, und demgemäß wirkt er auch für uns. Was wir erbeten haben, ist in der Erhörung eingeschlossen, *aber,* er tut weit mehr als dies. Der Herr gab den Knecht frei und erließ ihm die ganze Schuld. Das ging weit über das Ansuchen des Knechtes hinaus. Gott tut immer weit überfließend mehr, als wir bitten oder verstehen. So ist die Gnade Gottes.

Wer Gnade empfangen hat, muß lernen, ebenfalls gnädig zu sein

Im Uns-gnädig-Sein, hat Gott aber gleichzeitig ein Ziel vor Augen. Alle, die selbst der Gnade bedürfen, sollten die mit der Gnade verfolgte Absicht kennenlernen. Alle, denen Gnade zuteil geworden ist, sollten auch andern gegenüber Gnade üben. Gott erwartet dies von jedem, der seiner Gnade teilhaftig geworden ist. Er erwartet nicht nur Gerechtigkeit, sondern auch Gnade. »Als aber dieser Knecht hinausging, fand er einen Mitknecht, der war ihm hundert Denare schuldig; den ergriff er, würgte ihn und sprach: Bezahle was du schuldig bist! Da warf sich sein Mitknecht nieder, bat ihn und sprach: Habe Geduld mit mir, so will ich dir alles bezahlen!« (Matth. 18, 28–29). Der Herr zeigt uns hier, daß das, was andere uns schulden, nie zu vergleichen ist mit dem, was wir ihm schulden. Unsere Schuld beträgt zehntausend Talente (etwa 10 000 000 Dollar). Demgegenüber ist das, was andere uns schulden, nur 100 Denare, (etwa 20 Dollar). Wenn wir den Herrn flehentlich bitten: »Herr, habe Geduld mit uns, wir wollen dir eines Tages alles bezahlen«, dann vergibt uns der Herr die Schuld. Er hört schon gar nicht mehr auf den zweiten Teil unseres Gebetes, weil er uns bereits alles vergeben hat.

Hierauf begegnet ihr euerm Mitmenschen, euerm Bruder, der, wie sehr er euch auch beleidigt haben mag, euch damit doch höchstens hundert Denare schuldig sein kann. Er schuldet euch so wenig, bittet euch nun aber ebenfalls, Geduld mit ihm zu haben, da er eines Tages zurückzahlen werde. Sein Gebet und seine Hoffnung ist die gleiche wie zuvor die eure – Zeit zugestanden zu bekommen, um zurückzahlen zu können. Aber der Knecht im Gleichnis weigerte sich, Gnade zu üben. »Er aber wollte nicht, sondern ging hin und warf ihn ins Gefängnis, bis er bezahlt hätte, was er schuldig war« (Matth. 18, 30).

Der Herr braucht dieses Gleichnis, um zu veranschaulichen, wie unvernünftig es in Gottes Augen ist, unversöhnlich zu sein. Wenn ihr eurem Bruder nicht vergebt, dann seid ihr der Mann, so wie Nathan zu David sagen mußte: »Du bist der Mann!« (2. Sam. 12, 7). Wenn wir dieses Gleichnis in Matthäus 18 lesen, merken wir, wie unvernünftig dieser Knecht war. Wir fragen uns: »Wie konnte dieser Mann die Bitte seines Mitknechtes abschlagen und ihn wegen der hundert Denare ins Gefängnis werfen, nachdem ihm selbst zuvor sein Herr die Schuld von zehntausend Talenten erlassen hatte?« Rechtlich konnte er natürlich auf der Zahlung bestehen, aber das Zusammenleben eines Gläubigen mit andern Leuten gründet sich nicht auf das Recht, sondern auf die Gnade. Das heißt keineswegs, daß er dies noch ist. Der Herr will uns hier jedoch klarmachen, daß wenn ein Gläubiger einem andern Gläubigen nicht vergibt, er nicht der Gnade gemäß handelt. In Gottes Augen mangelt es ihm klar an Gnade.

Der Grundsatz, der die Gemeinschaft von Gläubigen bestimmen sollte, heißt Gnade. Nicht daß euch euer Bruder nichts schuldig wäre, aber wenn ihr ihn ins Gefängnis werft, dann wird der Herr auch euch alsbald ins Gefängnis werfen. Seine Schuld ist sachlich nicht zu bestreiten, aber ebensowenig ist es die eure. Grundlage der Gemeinschaft der Gläubigen ist nicht das Recht, sondern die Gnade. Die Bibel lehrt uns dann nach dem Recht zu handeln, wenn wir andern etwas schulden; wenn dagegen andere uns etwas schulden, dann haben wir nicht zu fragen, was recht ist, dann sollen wir

Gnade üben lernen. Wenn ein Gläubiger euch kränkt und euch etwas schuldig bleibt, dann gilt für euch nur eine Regel, und die heißt: Gnade üben.

Wer Barmherzigkeit erfahren hat, soll ebenfalls barmherzig sein.

Als aber seine Mitknechte sahen, was geschehen war, wurden sie sehr betrübt, kamen und berichteten ihrem Herrn die ganze Geschichte. Da ließ sein Herr ihn kommen und sprach zu ihm: Du böser Knecht! Jene ganze Schuld habe ich dir erlassen, weil du mich batest; solltest denn nicht auch du dich über deinen Mitknecht erbarmen, wie ich mich über dich erbarmt habe? (Matth. 18, 31–33).

Der Herr erwartet, daß ihr andern gegenüber genauso handelt, wie er euch gegenüber gehandelt hat. Da er von euch nicht nach Recht und Gerechtigkeit fordert, erwartet er, daß auch ihr andern gegenüber nicht auf eurem Recht besteht. Der Herr vergibt euch eure Schuld nach seiner Barmherzigkeit. Er möchte, daß ihr andern nach dem gleichen Maß zurechnet, nach dem er euch zugerechnet hat. Er gibt euch ein gutes, vollgedrücktes, gerütteltes und überfließendes Maß und wünscht, daß ihr es ihm gleichtut. So, wie er an euch handelt, sollt auch ihr an euerm Bruder handeln.

Es ist in Gottes Augen höchst niederträchtig, wenn jemand, der Vergebung empfangen hat, seinerseits unversöhnlich ist. Es gibt nichts anstößigeres, als wenn der, dem Barmherzigkeit zuteil wurde, selbst unbarmherzig ist, oder der, dem vergeben wurde, unversöhnlich ist, und der, der Gnade erfahren hat, andere ungnädig behandelt. Wir haben es vor Gott zu lernen, an andern so zu handeln, wie er an uns gehandelt hat. Laßt uns doch durch das, was wir empfangen haben, so demütig werden, daß wir an andern nach dem gleichen Grundsatz handeln.

Wir finden in der Bibel vieles, was Gott mißfällt. Am meisten aber mißfällt es ihm, wenn seine Kinder nicht bereit sind zu vergeben. Es ist charakterlos und gemein, wenn solche, die Gnade und Barmherzigkeit erfahren haben, es ihrerseits ablehnen, ebenfalls Gnade und Barmherzigkeit zu üben. Wenn einer, dem die Schuld erlassen wurde, seinen Schuldner bedrängt, tut er etwas, was Gott scharf verurteilt. Ebenso verabscheut es Gott, wenn einer der beleidigt wurde, dies nicht zu vergeben und zu vergessen gedenkt.

Hören wir doch, was der Herr den Knecht fragte: ». . . solltest denn nicht auch du dich über deinen Mitknecht erbarmen, wie ich mich über dich erbarmt habe?« Gott wünscht, daß wir in all diesen Belangen gleichgesinnt sind wie er.

»Und voll Zorn übergab ihn sein Herr den Peinigern, bis er alles bezahlt hätte, was er schuldig war« (Matth. 18, 34). Hier kam der Knecht unter die züchtigende Herrschaft Gottes, der ihn den Peinigern übergab, bis er alles bezahlt hatte.

»Also wird auch mein himmlischer Vater mit euch verfahren, wenn ihr nicht ein jeder seinem Bruder von Herzen die Fehler vergebet« (Matth. 18, 35). Möge doch keiner von uns unter diese herrschende Hand Gottes fallen. Wir müssen unserem Bruder von Herzen vergeben, wie Gott uns vergeben hat. Wir dürfen andrer Sünden nicht behalten und sollen auch nicht Bezahlung von ihnen verlangen. Obschon dies rechtlich statthaft wäre, ist es für uns dennoch Sünde. Gotteskinder sollten auch im Großmut-erweisen Gott gleichen.

Die zweite Pflicht – Überführen

Ich zweifle nicht daran, daß viele Gotteskinder diese Lektion gelernt haben und gerne vergeben. Nicht wenige haben jedoch vergessen, was wir tun sollten, wenn jemand gegen uns gesündigt hat. Nach Matthäus 18, 15–20, haben wir unseren Bruder zu überführen oder zu ermahnen. Wir müssen also nicht nur vergeben, sondern auch ermahnen und zurechtweisen.

1. Sag es ihm

»Wenn aber dein Bruder an dir gesündigt hat« (V. 15). Daß auch Gotteskinder gegeneinander sündigen können, ist sicher allen bekannt. Wenn dies auch nicht allzuoft geschehen mag, gar zu selten ist es doch auch nicht. Der Herr sagt uns, was wir tun sollen, wenn jemand gegen uns sündigt. ». . . gehe hin und weise ihn zurecht unter vier Augen.« Wenn also jemand gegen euch sündigt, dann ist das erste, was zu tun ist, mit ihm darüber zu sprechen und nicht mit andern. Dies ist ein Wort, das wir uns so richtig einprägen sollten. Macht ihn auf seinen Fehler aufmerksam, aber tut es, wenn ihr mit ihm allein seid.

Wenn also ein Bruder gegen euch sündigt, dann sprecht nicht mit andern Brüdern und Schwestern darüber. Sucht zu diesem Zeitpunkt auch keinen der verantwortlichen Brüder der Gemeinde auf. Der Herr weist euch auch nicht an, es im Gebet Gott zu sagen. Wenn ein Bruder gegen euch sündigt, dann sollt ihr als erstes zu ihm gehen und mit ihm darüber sprechen; darüber sollte sich auch jeder Neubekehrte klar sein. Ich glaube, wenn Gotteskinder diese Anweisung des Herrn befolgen würden, dann wären viele, ja vielleicht die Hälfte aller Probleme in der Gemeinde gelöst.

Das heutige Dilemma besteht darin, daß, nachdem ein Bruder gegen einen andern gesündigt hat, dies bald jedermann bekannt ist, nur dem nicht, der sich vergangen hat. Der beleidigte Bruder hat überall davon erzählt. Dies deutet darauf hin, wie schwach er ist, denn nur Schwache plaudern alles aus. Er ist innerlich schwach, daher bringt er die Kraft nicht auf, es dem Fehlbaren zu sagen. Er kann nur verunglimpfen, aber Auge in Auge darüber zu reden, dazu hat er nicht den Mut. Hintenherumschwatzen und Gerüchte verbreiten, ist eine sehr schlechte, schmutzige und sündhafte Gewohnheit. Wir haben uns des Fehlers unseres Bruders anzunehmen, nicht andern davon zu sagen. Der erste mit dem wir darüber sprechen, sollte der Fehlbare selbst sein – niemand anders. Wo Gotteskinder diese Lektion gut gelernt haben, ist die Gemeinde vieler Schwierigkeiten enthoben.

Der Herr sagt: »Weise ihn zurecht.« Und wie sollen wir das tun? Er rät dir nicht, einen Brief zu schreiben, sondern hinzugehen. Sprich mit ihm, wenn ihr allein seid. Dies ist des Herrn Gebot. Um persönliche Vergehen zu bereinigen, genügt es, wenn ihr zwei euch damit befaßt; ein dritter ist absolut unnötig.

Laßt uns Gott zuliebe diese Lektion lernen. Wir müssen uns zurückhalten und nie hintenherum über einen Bruder sprechen, der uns beleidigt hat. Genausowenig sollten wir in der Öffentlichkeit über ihn reden. Ihr dürft ihn nur unter vier Augen auf seinen Fehler aufmerksam machen. Dazu bedarf es der Gnade Gottes. Und wenn ihr zu ihm kommt, dann sprecht nicht noch lange über andere Dinge; macht ihm gleich klar, worin er gefehlt hat. Ihm den Fehler aufzudecken ist keine leichte Sache, aber ihr müßt es tun. Dies ist eine der Lektionen, die Gotteskinder lernen müssen. Geht daher zu ihm und sagt: »Bruder, was du da getan hast, damit hast du mich verletzt. Das war nicht recht von dir. Du hast dich da versündigt.«

Wenn euch die Sache zu geringfügig scheint und ihr es nicht für nötig haltet, zu ihm gehen und mit ihm reden zu müssen, dann habt ihr auch nicht das Recht, irgend jemand anders etwas davon zu sagen. Ich habe schon viele darüber klagen gehört, wie schwierig es sei, dieser Regel zu folgen. Es ereigneten sich für uns täglich zu viele Dinge, als daß wir jedesmal hingehen und es dem Fehlbaren sagen könnten. Nun gut, wenn ihr dafürhaltet, eine Sache sei nicht von Bedeutung, nur eine Kleinigkeit, so daß ihr mit dem, der sich gegen euch vergangen hat, nicht zu sprechen braucht, dann kann ich euch nur sagen, ist es auch nicht nötig, andern davon zu sagen. Wie könnt ihr sagen, es erübrige sich, mit dem Betreffenden zu reden, während ihr andern dann noch davon erzählt? Wenn etwas gesagt sein muß, dann sagt es dem Bruder selbst; wo nicht, dann sagt überhaupt niemand etwas davon. Tut ihr es dennoch, dann ist es auch Sünde.

Zweck: Den Bruder zu gewinnen

Gotteskinder sollten Verfehlungen übersehen lernen. Wenn ihr aber seht, daß ihr euch mit einer Verfehlung befassen müßt, dann also direkt im Gespräch mit dem Fehlbaren. Denken wir dabei an den fundamentalen Grundsatz: »Hört er auf dich, so hast du deinen Bruder gewonnen« (V. 15). Dies ist der Zweck der Aussprache. Weder die Verminderung eurer Schwierigkeiten noch vom Fehlbaren Genugtuung zu verlangen, soll euch dazu bewegen. Der einzige Zweck ist der, euern Bruder zu gewinnen.

Es geht folglich nicht darum, wie sehr ich gelitten habe, oder wie weit ich meinen Bruder wieder zurechtbringen kann. Ich gehe deshalb zu ihm und suche ihn zu überführen, weil sein Gebet und seine Gemeinschaft mit Gott gestört bleibt, solange er diese Sache nicht geklärt hat.

Wenn lediglich eure Gefühle verletzt wurden, dann ist es eine zu geringe Sache, als daß sie behandelt werden müßte. Ihr müßt vor Gott klar erkennen, welche Vorkommnisse es erfordern, daß ihr euch mit euerm Bruder damit befaßt und welche nicht. Wenn es nur eure verletzten Gefühle sind, dann könnt ihr ruhig darüber hinweggehen ohne eurem Bruder oder sonst jemand etwas davon zu sagen. Ob es mehr ist als das, oder nur das, weiß niemand besser als ihr selbst. Auch die Ältesten der Gemeinde wissen das nicht besser. Die Verantwortung liegt bei euch. Gewisse Dinge haben schwere Folgen. Es gibt vieles, das ihr ruhig vergessen könnt, aber es gibt gewisse Dinge, die ihr nicht auf sich beruhen lassen solltet. Wenn euer Bruder sich vergangen hat und die Möglichkeit besteht, daß ihm daraus Nachteile erwachsen, dann müßt ihr hingehen und ihn unter vier Augen auf seinen Fehler aufmerksam machen. Was nicht übergangen werden kann, muß erörtert werden. Wie kann er vorankommen, wenn zwischen ihm und Gott etwas nicht vergeben ist?

Gotteskinder sollten lernen, die Gemeinde von Problemen zu befreien, statt diese zu vermehren. Wir müssen die Einheit der Gemeinde zu bewahren suchen. Wenn ihr seht, daß sich ein Bruder in einem Fehler befindet, durch den ihm vor dem Herrn Schwierigkeiten erwachsen, dann wißt ihr, daß dies keine geringfügige Sache ist. Es wird euch bewußt, daß ihn dies daran hindert, mit dem Herrn voranzugehen. In einem solchen Falle müßt ihr eine Gelegenheit suchen und unter vier Augen mit ihm darüber sprechen. Sagt ihm: »Bruder, es war nicht recht von dir, so gegen mich zu sündigen. Dadurch blockierst du nur deinen Fortschritt vor Gott. Dein Schaden ist groß.« – »Hört er auf dich«, sagt der Herr, »so hast du deinen Bruder gewonnen«, denn du hast einer Seele zurechtgeholfen.

Der Zweck der Zurechtweisung ist die Wiederherstellung. Sie dient weder dazu, euch Genugtuung zu verschaffen noch eure Gefühle zu erleichtern, sondern einzig dazu, den Bruder wieder zurechtzubringen. Erlaubt mir die Feststellung, daß dies eine der Bibelstellen ist, die von den Kindern Gottes am wenigsten befolgt wird. Was tun wir stattdessen? Die einen schwatzen alles aus und machen die Angelegenheit überall bekannt; andere behalten die Sache in ihren Herzen und sind nicht bereit zu vergeben; wieder andere vergeben einfach bereitwillig, tun aber darüberhinaus nichts. Aber keines davon ist, was der Herr von uns getan haben möchte.

Der Herr sagt keineswegs, daß ihr es einfach nicht beachten sollt, wenn ein Bruder gegen euch sündigt. Er sagt vielmehr, daß euer Bruder mit seinem Sündigen ein Problem geschaffen hat und daß ihr, die Betroffenen, ihm gegenüber eine Verantwortung habt. Er hat gegen euch gesündigt, ihr aber müßt an seine Zukunft denken.

Ihr müßt eurer Christenpflicht nachkommen und zu ihm gehen und mit ihm reden. Da ihr die einzigen seid, die wissen, daß euer Bruder sich versündigt hat, müßt ihr versuchen ihm zurechtzuhelfen, um so euern Bruder zu gewinnen. Euer Auftreten muß freundlich und der Beweggrund der richtige sein. In der Hoffnung, euern Bruder zu gewinnen, sollt ihr ihm zurechthelfen. Wenn es euch darum geht, ihn zu gewinnen, dann wißt ihr auch bald einmal, wie ihr ihm seinen Fehler klarmachen könnt. Wenn ihr aber nicht den Wunsch habt, ihm zurechtzuhelfen, dann werdet ihr aller Wahrscheinlichkeit nach nur mit ihm zanken. Vordem war er es, der gegen euch stritt, nun aber streitet ihr miteinander. Der Zweck, mit ihm zu reden, besteht daher nicht nur darin, ihm seinen Fehler aufzudecken, sondern weit mehr darin, ihn zu gewinnen. Der Herr hat nicht gesagt: »Wenn aber dein Bruder an dir gesündigt hat, so gehe hin und sag ihm so recht tüchtig deine Meinung. Er will, daß wir zu ihm gehen und mit ihm reden, um ihn zu gewinnen!

Wenn der Beweggrund der richtige ist, fällt es euch nicht schwer, herauszufinden wie ihr vorgehen sollt. Wie notwendig ist es doch, daß eure Worte, Haltung, Ausdrucksweise, Stimme, der Ton, das Gebaren und der Geist, daß alle richtig sind, wenn ihr euern Bruder gewinnen sollt. Ein Feind vermag wohl meine Fehler zu erkennen, aber mich gewinnen, das vermag nur ein Bruder. Was mein Feind über mich sagt, mag zutreffen; ich kann keines seiner Worte als unwahr in Abrede stellen. Doch, so wahr auch immer seine Worte sein mögen, mich zu gewinnen weiß und vermag er nicht.

Vielleicht kommt jemand, um euch zu schelten und zu tadeln. Seine Vorwürfe sind berechtigt; selbst seine bittersten Worte sind begründet. Aber seine Haltung und sein Gesichtsausdruck sind keineswegs dazu angetan, euch zu gewinnen. Fehler festzustellen ist nicht schwer, aber jemand gewinnen, während man ihn auf seinen Fehler aufmerksam macht, ist eine ganz andere Sache. Jeder kann einmal zornig werden. Um heftig zu werden, bedürfen wir nicht der Gnade. Wie sehr täuschen wir uns, wenn wir glauben wir brächten den Zorn der Gerechtigkeit zum Ausdruck.

Es ist keine schwierige Aufgabe, den Leuten die Sünden aufzudekken; das können sogar ihre Feinde. Aber es braucht einen Bruder, um uns auf unsere Sünden aufmerksam zu machen und uns gleichzeitig wieder zurechtzuhelfen. Nur ein Bruder kann uns mit Güte und Mitgefühl sowohl unseren Fehler als auch unsere Stellung vor dem Herrn aufzeigen. Das ist die Pflicht der Gläubigen.

Es bedrückt mich innerlich sehr, wenn ich mir vergegenwärtige, wie oft Kinder Gottes angesichts solcher Vergehen das Wort des Herrn nicht befolgen. Ich weiß, es ist eine äußerst heikle Sache, aber wir haben dies auch heutzutage zu lernen. Es ist natürlich viel leichter, einen Bruder zu loben; das wird keinem schwer fallen, der dies tun will. Es ist auch leicht, über einen Bruder wütend zu werden; wenn wir nur schon ein wenig in der Kontrolle unserer Gefühle nachlassen, können wir unseren Zorn über ihn ausschütten. Aber einem Bruder sagen, daß er einen Fehler begangen hat und ihm gleichzeitig wieder zurechthelfen und ihn zu gewinnen, erfordert schon jemand, der ein reiches Maß an Gnade besitzt. Ihr wißt, daß ihr im Recht seid, aber ihr besteht nicht auf euerm Recht. Ihr seid im Recht, aber ihr seid deswegen nicht hochmütig. Obschon im Recht, seid ihr dennoch demütig, sanft und freundlich. Ihr seid im Recht und vermögt dennoch euerm Bruder zu zeigen, daß er im Unrecht ist. Laßt es euch aber sagen, es erfordert von euch, euer eignes Ich ganz auf die Seite zu stellen, ehe ihr euern Bruder auf seinen Fehler aufmerksam machen könnt. Solange dabei für euch selbst noch etwas auf dem Spiele steht, werdet ihr nie imstande sein, diese Aufgabe zu erfüllen.

Möchten doch alle Brüder und Schwestern diese Lektion lernen. Wenn der Herr es zuläßt, daß ein Bruder gegen euch sündigt, dann hat er euch ausersehen und erwählt, ein Gefäß der Zurechtbringung zu sein. Es ist euch eine große Pflicht aufgetragen, die ihr nicht versäumen dürft. Ebensowenig dürft ihr wegen der Schwierigkeiten, die damit verbunden sind, Ausflüchte machen. Ausflüchte machen ist eine liebe Not unter Brüdern und Schwestern. Wo dies geschieht, kann das dem Leben Christi in der Gemeinde Verderbnis bringen. Die Kraft der Gemeinde, das Leben des Leibes, die Arbeit der verschiedenen Dienste, aber auch die Wachstumskräfte, werden oftmals durch die Belastung unerledigter Angelegenheiten lahmgelegt.

Seht ihr den Zusammenhang zwischen der Gemeinde und unerledigten Angelegenheiten? Viele Schwierigkeiten im Leibe Christi haben hier ihren Grund. Es bestehen gewisse vertuschte und ungelöste Begebenheiten. Niemand spricht darüber, aber sie sind stets gegenwärtig. Nach einer gewissen Zeit werden sie zu einer derart schweren Last, daß die Gemeinde kaum noch vorankommt. Daher müssen Brüder und Schwestern die Last der Gemeinde mindern lernen. Wenn jemand gegen euch sündigt, dann dürft ihr die Augen nicht verschließen, sondern müßt euch gewissenhaft und in der richtigen Haltung und im richtigen Geist damit befassen. So werdet ihr euern Bruder gewinnen. Andernfalls bleibt die Sache innerhalb der Gemeinde bestehen. Ich setze meine Hoffnung darauf, daß sich Neubekehrte ganz besonders die Worte in Matthäus 18, 15 merken, damit sie wissen, was sie zu tun haben, wo immer sich etwas derartiges ereignen mag.

2. *Nimm noch einen oder zwei mit dir*

Vers 16 sagt uns, was wir tun sollen, falls es uns nicht gelingt, einem Bruder im persönlichen Gespräch wieder zurechtzuhelfen. »Hört er aber nicht, so nimm noch einen oder zwei mit dir, damit jede Sache auf der Aussage von zwei oder drei Zeugen beruhe.« Nachdem ihr ihn aufgesucht und in der richtigen Geisteshaltung, mit ruhigen Worten und aus dem richtigen Beweggrund mit ihm gesprochen habt, bei ihm aber auf taube Ohren gestoßen seid, dann dürft ihr auch andern davon sagen. Ich muß hier jedoch nochmals ganz klar festhalten, daß ihr es nie jemand anders sagen sollt, es sei denn euer Bruder habe sich geweigert, auf euch zu hören. Wenn sich zwischen zwei Gotteskindern Schwierigkeiten ergeben, können sie diese leicht beheben, indem sie gemeinsam vor Gott niederknien, einander demütig vergeben und die ganze Angelegenheit vergessen.

Wenn unsere Schwierigkeiten durch eine Unachtsamkeit einer dritten Person zu Ohren kommen, wird das Übel hinterher nur schlimmer. Eine Wunde kann nur heilen, wenn keine Fremdkörper in sie gelangen. Einer Drittperson etwas sagen ist dasselbe, wie Schmutz in eine offene Wunde reiben. Dadurch wird das Übel nur verschlimmert. Auch gebrochene Knochen können wieder zusammengefügt werden und zusammenwachsen, aber nur sofern nichts zwischen die beiden Knochenteile gelangt ist. Desgleichen gilt es auch im Falle von Schwierigkeiten zwischen Brüdern und Schwestern genau dem Wort entsprechend zu verfahren. Erst wenn euer persönliches, vertrauliches Zureden ohne Erfolg geblieben ist, dürft ihr es auch jemand anders sagen. Aus diesem Weitersagen darf aber kein Geschwätz werden; es soll nur zu einem gemeinsamen Vorgehen führen.

Wenn es sich aber zeigt, daß euer Bruder nicht gewillt ist, auf eure Worte einzugehen, dann gilt was der Herr sagt: ». . . Nimm noch einen oder zwei mit dir.« Dies können Älteste der Gemeinde oder andere Brüder sein. Sagt es aber auch jetzt nicht irgend jemand. Sagt es einem oder zwei Brüdern im Herrn, die Erfahrung und geistliches Gewicht haben. Legt ihnen die Sache vor und bittet sie um ihren Rat. Stimmt es, daß dieser Bruder mir Unrecht getan hat? Wie denkt ihr Brüder darüber? Nachdem die beiden Brüder die Sache betend vor Gott erwogen und ihrem geistlichen Urteilsvermögen gemäß beurteilt haben, kann es sein, daß sie euch beipflichten, daß dieser Bruder offenkundig Unrecht getan hat. Nun geht es nicht mehr um eure verletzten Gefühle. Jetzt könnt ihr mit diesen zwei oder drei Brüdern zum betreffenden Bruder gehen und sagen: »Du hast dich in dieser Angelegenheit versündigt. Das wird dein geistliches Wachstum aufhalten. Du mußt Buße tun und bekennen, daß du gefehlt hast.«

»Damit jede Sache auf der Aussage von zwei oder drei Zeugen beruhe.« Diese zwei oder drei Zeugen müssen aber Menschen sein, die weder geschwätzig noch unbesonnen sind. Solche würden weder geachtet noch würde man auf sie hören. Es müssen daher verläßliche Leute sein, die unbescholten und angesehen und zudem auch im Herrn erfahren sind. Dann könnt ihr euch in jeder Sache auf die Bestätigung dieser zwei oder drei Zeugen stützen.

3. Sag es der Gemeinde

Nach der in unserem Text der Gemeinde gegebenen Regel ist es immer das Beste, wenn ihr das Problem persönlich lösen könnt; andernfalls müßt ihr es auf andere Weise zu klären suchen. Wenn die Unstimmigkeit unbedeutend ist, mögt ihr einfach vergeben und vergessen. Wenn sie aber die Gemeinschaft beeinträchtigt, dann müßt ihr lernen, euch damit zu befassen. Wenn ein persönliches Gespräch nicht zum Ziel führt, dann könnt ihr zwei oder drei Zeugen hinzuziehen. »Hört er aber diese nicht, so sage es der Gemeinde« (V. 17). Ich denke, mit der Gemeinde sind hier die verantwortlichen Brüder der Gemeinde gemeint und das intern und nicht wenn die ganze Gemeinde versammelt ist. Sagt den verantwortlichen Brüdern von der Unstimmigkeit zwischen euch und euerm Bruder und fragt sie um Rat.

Wenn sich die Gemeinde darüber einig ist und das Gewissen der Gemeinde einen Bruder schuldig spricht, dann muß er im Unrecht sein. Handelt es sich bei ihm um einen Bruder, der vor Gott lebt, dann wird er seine eigene Meinung aufgeben und das Zeugnis der zwei oder drei Brüder annehmen. Lehnt er deren Zeugnis auch ab, dann sollte er wenigstens den Entscheid der Gemeinde annehmen. »Da alle Brüder und Schwestern urteilen, daß ich im Unrecht sei, muß ich im Unrecht sein, unbekümmert darum, wie weit ich nach meiner Meinung recht oder unrecht habe.« Das übereinstimmende Urteil der Gemeinde ist das Urteil des Herrn. Der Herr ist in der Gemeinde gegenwärtig; dies ist sein Wahlspruch. Wie not tut es uns doch, zu lernen, nachgiebig und dafür hellhörig zu sein, was uns die Gemeinde zu sagen hat. Wir sollten uns weder auf unsere Gefühle verlassen noch auf uns selbst vertrauen. Wir sollten immer bereit sein anzunehmen und uns dem Empfinden der Gemeinde nicht verschließen.

Was ist zu tun, wenn er auch auf die Gemeinde nicht hört? »Hört er aber auch die Gemeinde nicht, so gelte er dir wie ein Heide und Zöllner« (V. 17). Das ist ein überaus schwerwiegendes Wort, bedeutet es doch, daß alle Brüder und Schwestern keine Gemeinschaft mehr mit ihm haben werden. Er wird damit zum Außenseiter. Weil das Hindernis nicht beseitigt werden konnte, betrachten ihn die Glieder der Gemeinde als einen Heiden und Zöllner und verweigern ihm die Gemeinschaft. Wie wichtig ist es da, daß ein jeder von uns den Entscheid der Gemeinde akzeptieren lernt.

Neubekehrte sollten auch darauf achten, daß die Zusage in Matthäus 18, 18–20 darauf beruht, was wir soeben sagten. »Wahrlich, ich sage euch, was ihr auf Erden binden werdet, das wird im Himmel gebunden sein, und was ihr auf Erden lösen werdet, das wird im Himmel gelöst sein« (V. 18). Dies bezieht sich auf denjenigen, mit dem sich die Gemeinde befaßt hat. Der Gültigkeitsbereich dieses Verses geht natürlich noch über dies hinaus, doch bereits im vorliegenden Fall betrachtet die Gemeinde denjenigen, der nicht auf sie hören will, als einen Heiden und Zöllner. Denken wir daran, was wir auf Erden binden, wird auch im Himmel gebunden sein, und was wir auf Erden lösen, wird auch im Himmel gelöst sein. Was die Gemeinde auf Erden tut, das bestätigt und vollzieht der Herr auch im Himmel. Daher sollten Kinder Gottes die Entscheidung der Gemeinde akzeptieren lernen.

Was uns in den Versen 19 und 20 gesagt wird, folgt ebenfalls dieser Linie. »Weiter sage ich euch, wenn zwei von euch übereinkommen werden auf Erden über irgendeine Sache, für die sie bitten wollen, so soll sie ihnen zuteil werden von meinem Vater im Himmel. Denn wo zwei oder drei in meinem Namen versammelt sind, da bin ich mitten unter ihnen.« Dies bezieht sich auch auf die zwei oder drei Zeugen und die Gemeinde. Die Gemeinde betrachtet den Sünder als einen Heiden und Zöllner. Was die Gemeinde getan hat, sagt der Herr, das will auch er im Himmel tun.

Vielleicht mögen sich einige von euch fragen, worin der Sinn bestehe, zwei oder drei zu bitten, mit euch zu gehen? Haltet euch dies stets vor Augen, der Grundsatz von zwei oder drei ist der Grundsatz der Gemeinde. Wenn zwei oder drei vor Gott in einer bestimmten Sache übereinkommen, dann verspricht ihnen der Herr, daß er dies im Himmel bestätigen wird. Die Worte in Matthäus 18, 18–20 greifen zurück auf die Angelegenheit, wie wir mit einem Bruder zu verfahren haben. Nach den zwei oder drei geht es an die ganze Gemeinde. Ich hoffe, daß es Brüder und Schwestern lernen, sich einem Entscheid der Gemeinde zu unterziehen.

Was Neubekehrte lernen sollten

Wenn jemand gegen euch sündigt, sollt ihr zweierlei tun: erstens, ihn ermahnen und überführen, und zweitens, ihm vergeben.

Wenn einer, der gegen euch gesündigt hat, dies nicht zugeben will, auch nicht nachdem sich die Gemeinde um ihn bemüht hat, dann bleibt das Problem bestehen. Als nächstes geht es nun nicht darum, ob ihr ihm verzeiht oder nicht (obschon ihr selbst ihm dennoch vergeben solltet), sondern darum, daß Gott im Blick auf eure äußere

Beziehung zu ihm sagt, er soll euch wie ein Heide gelten. Dies ist besser als ihn in der Gemeinde zu belassen, denn Schwierigkeiten in der Gemeinde belasten die Gemeinde. Es ist besser, sie von solchem Druck zu befreien.

Neubekehrte sollten auch lernen, sobald Schwierigkeiten entstehen, augenblicklich zu vergeben. Viele Probleme sind damit bereits behoben, besonders wenn es sich um unbedeutende Dinge handelt. Manchmal ist jedoch der Fehltritt derart, daß ihr zur Überzeugung gelangt, er müsse vor Gott in Ordnung gebracht werden; dann sollt ihr zu euerm Bruder gehen und ihn überführen und ihm zurechthelfen. Wenn er seinen Fehltritt eingesteht, dann vergebt ihm, und die Sache ist erledigt. Lehnt er dies aber ab, dann müssen wir es im Gebet vor Gott erwägen und richtig zu lösen versuchen. Unsere Herzensstellung gegen den, der gegen uns gesündigt hat, muß eine gütige und barmherzige sein. Wir sind uns im klaren, daß wir selbst Empfänger der Gnade, andern gegenüber ebenfalls gnädig zu handeln haben. Nachdem uns selbst Schuld vergeben wurde, dürfen wir jene auch nicht bedrängen, die sich uns gegenüber verschuldet haben. Laßt uns daher auf der Hut sein und auch nicht aus Unachtsamkeit darüber reden. Lassen wir uns im Beweggrund von der Vergebung leiten und nicht vom Nörgeln. Wenn wir auf diesem Boden stehen und gemäß Gottes Wort handeln, dann bin ich überzeugt, bleibt die Gemeinde vor vielen Fehlern und Irrtümern bewahrt. Möge Gott uns dazu Gnade schenken.

Die Reaktion des Gläubigen

Ihr habt gehört, daß gesagt ist: »Auge um Auge und Zahn um Zahn!« Ich aber sage euch: Ihr sollt dem Bösen nicht widerstehen; sondern, wenn dich jemand auf deinen rechten Backen schlägt, so biete ihm auch den andern dar; und wer mit dir rechten und deinen Rock nehmen will, dem laß auch den Mantel; und wenn dich jemand eine Meile weit zu gehen nötigt, so gehe mit ihm zwei. Gib dem, der dich bittet, und wende dich nicht ab von dem, der von dir borgen will.

Ihr habt gehört, daß gesagt ist: »Du sollst deinen Nächsten lieben und deinen Feind hassen!« Ich aber sage euch: Liebet eure Feinde, segnet, die euch fluchen, tut wohl denen, die euch hassen, und bittet für die, so euch beleidigen und verfolgen; auf daß ihr Kinder eures Vaters im Himmel seid. Denn er läßt seine Sonne aufgehen über Böse und Gute und läßt regnen über Gerechte und Ungerechte. Denn wenn ihr die liebt, die euch lieben, was habt ihr für einen Lohn? Tun nicht die Zöllner dasselbe? Und wenn ihr nur eure Brüder grüßt, was tut ihr Besonderes? Tun nicht auch die Heiden ebenso? Darum sollt ihr vollkommen sein, gleichwie euer himmlischer Vater vollkommen ist! (Matth. 5, 38–48).

Mindestens die Hälfte unseres Lebens, wenn nicht mehr, besteht aus Reaktionen. Menschen sprechen und wir fühlen uns glücklich; dies ist Reaktion. Sie reden und wir werden darüber zornig; dies ist ebenfalls Reaktion. Jemand tut etwas und wir halten es für falsch; dies ist Reaktion. Ein anderer handelt uns zuwider, so daß wir wütend werden; auch dies ist Reaktion. Wir werden aufgebracht, wenn man uns reizt; wir verteidigen uns, wenn wir mißverstanden werden; wir erdulden es, wenn wir mißhandelt werden; all dies sind Reaktionen. Wenn wir unser Leben daraufhin untersuchen, scheint es uns, daß wir mehr als die Hälfte davon mit Reagieren verleben.

Der Unterschied in der Reaktion von Gläubigen und Ungläubigen

Wir Christen leben ebenfalls in Reaktionen, aber wir reagieren anders als die Ungläubigen. Wenn wir jemand beobachten, wie er reagiert, können wir beurteilen, wer er ist. Ein Christ sollte nicht unchristlich reagieren. Andererseits kann ein Nicht-Christ unmöglich wahrhaft christlich reagieren. Wenn ihr also wissen wollt, welcherlei Leute ihr vor euch habt, dann braucht ihr nur zu beobachten, wie sie reagieren.

Der Gläubigen Reaktionen sollten sich klar von jenen anderer Leute unterscheiden. Der Herr schärft uns aber nicht nur ein, wie wir reagieren sollen, er schenkt uns auch die Kraft dazu. Er will nicht, daß wir unüberlegt reagieren. Das Christenleben besteht aus einer endlosen Kette von Reaktionen. Wenn wir richtig reagieren, sind wir gute Christen; andernfalls recht armselige Christen.

Nachdem wir zum Glauben an den Herrn gekommen und errettet sind, sind wir Christen. Der Herr hat uns ganz bestimmte Gebote gegeben, wie wir reagieren sollen, sooft uns Prüfungen und Verfolgung begegnen. Es steht uns nicht frei, zu reagieren wie es uns beliebt. Des Christen Reaktion und Leben sollte unter der Führung Gottes stehen. Wenn Gott unsere Reaktionen lenkt, werden wir nicht vorschnell reagieren. Wie er uns gebietet, so werden wir reagieren. Es ist sein Leben in uns, das Leben das er uns gegeben hat, das reagiert.

Die Unterweisung des Herrn in seiner Bergpredigt

Wie reagierten die Menschen zur Zeit des Alten Testamentes und des Gesetzes? »Ihr habt gehört, daß gesagt ist: ›Auge um Auge und Zahn um Zahn!‹« (Matth. 5, 38). Dieser Vers ist recht klar; er spricht von Reaktionen. Wenn jemand mein Auge verletzt, dann verletze ich auch sein Auge; wenn mir jemand einen Zahn ausschlägt, dann tu ich ihm dasselbe ebenfalls an. Ich tu etwas, weil ihr etwas getan habt – das ist Reaktion. Unter dem Gesetz des Alten Testamentes war dies die übliche Art zu reagieren.

Neutestamentliche Gläubige reagieren jedoch anders. Der Herr unterweist sie: »Ich aber sage euch: Ihr sollt dem Bösen nicht widerstehen« (V. 39). Eure Reaktion sollte folglich anders sein; ihr sollt bösen Leuten nicht widerstehen.

In den darauffolgenden Worten sind drei Sachen enthalten. Es sind vortreffliche, vielen vertraute Worte: ». . . sondern wenn dich jemand auf deinen rechten Backen schlägt, so biete ihm auch den andern dar; und wer mit dir rechten und deinen Rock nehmen will, dem laß auch den Mantel; und wenn dich jemand eine Meile weit zu gehen nötigt, so gehe mit ihm zwei« (V. 39–41). Habt ihr darauf geachtet, daß die linke Backe, der Mantel und die zweite Meile christliche Reaktionen sind? Die rechte Backe, der Rock und die erste Meile sind Menschenwerk. Was Menschen fordern, ist die erste Meile, der Christ hingegen reagiert darauf mit der zweiten Meile. Was Menschen verlangen, ist der Rock, wir aber geben auch noch den Mantel dazu. Was Menschen treffen wollen, ist die rechte Bakke, wir aber reagieren, indem wir ihnen auch die linke darbieten. Dieser ganze Abschnitt im Matthäus-Evangelium sagt uns unmißverständlich, daß wir als Christen anders reagieren sollten.

Ich hoffe ihr wißt, wie Christen zu reagieren haben. Wir sollten es nicht nötig haben, darüber belehrt zu werden, nachdem wir schon viele Jahre Christen sind. Am besten ist es, wenn wir schon in den ersten Tagen unseres Christenlebens so reagieren lernen, wie es der Herr haben möchte, denn wir können unmöglich gute Christen sein, wenn wir nicht richtig zu reagieren verstehen. Wie wollen wir Gottes Anforderungen genügen, wenn wir wider die Natur reagieren, d. h. entgegen dem Leben, das Gott uns gegeben hat? Laßt uns daher wie Christen reagieren. Wir können uns nicht Christen nennen und gleichwohl noch in weltlicher Weise reagieren.

Bevor wir Christen wurden, reagierte jeder von uns auf seine Weise. Nun aber sollten wir nicht mehr wie früher reagieren, sondern wie Christen.

»Gib dem, der dich bittet, und wende dich nicht ab von dem, der von dir borgen will« (V. 42). Dies sind wiederum Reaktionen. Wenn dich jemand um etwas bittet, gib es ihm. Wenn einer etwas von dir borgen will, wende dich nicht ab von ihm, es sei denn, du hast nichts zu geben.

»Ihr habt gehört, daß gesagt ist: ›Du sollst deinen Nächsten lieben und deinen Feind hassen‹« (V. 43). Das ist die Reaktionsweise derer, die unter dem Gesetz sind. Wenn du mein Nächster bist, dann reagiere ich mit Liebe; bist du hingegen mein Feind, dann reagiere ich mit Haß.

»Ich aber sage euch: ›Liebet eure Feinde‹« (V. 44). Ein Christ reagiert somit anders. Er ist euer Feind, ihr aber liebt ihn. »Und bittet für die, so euch beleidigen und verfolgen.« Er ist darauf bedacht, mich zu verfolgen, ich aber reagiere darauf, indem ich für ihn bete.

»Daß ihr Kinder eures Vaters im Himmel seid. Denn er läßt seine Sonne aufgehen über Böse und Gute und läßt regnen über Gerechte und Ungerechte« (V. 45). So handelt und reagiert Gott. Er läßt seine Sonne über Böse und Gute scheinen und sendet sowohl den Gerechten als auch den Ungerechten Regen. Seine Reaktionsweise bleibt stets die gleiche. Er reagiert nie lieblos gegen die Menschen.

»Denn wenn ihr die liebt, die euch lieben, was habt ihr für einen Lohn? Tun nicht die Zöllner dasselbe?« (V. 46). Was werdet ihr für einen Lohn haben, wenn ihr nur gegen die in Liebe reagiert, die euch lieben? Das tun auch die Zöllner. Da ist ja kein Unterschied zwischen euch und ihnen. So reagieren ist allzuleicht, zu billig und zu alltäglich.

»Und wenn ihr nur eure Brüder grüßt, was tut ihr Besonderes? Tun nicht auch die Heiden ebenso?« (V. 47). Er und ich sind Brüder, folglich grüße ich ihn; ergeben sich jedoch irgendwelche Differenzen, so rede ich nicht einmal mehr mit ihm. Bin ich da anders als die Heiden? Solch eine Reaktionsweise ist zu armselig, so erbärmlich wie die der Heiden.

»Darum sollt ihr vollkommen sein, gleichwie euer himmlischer Vater vollkommen ist« (V. 48). Das will sagen, daß wir in Sachen Reagieren Gott gleichen müssen.

Die Notwendigkeit, die Angelegenheit des Reagierens zu lösen.

Ist uns klar geworden, daß dieser Schriftabschnitt ausschließlich von der christlichen Reaktionsweise handelt? Wenn wir die Angelegenheit des Reagierens lösen, haben wir mehr als die Hälfte unseres Christenlebens gelöst, besteht es doch weit mehr aus Reaktionen als aus Aktionen. Wir leiten nur gelegentlich selbst eine Handlung ein; meistens ist es eines andern Handlung, auf die wir in einer von unzähligen Möglichkeiten reagieren. Die Reaktionen übersteigen die Aktionen an Zahl bei weitem.

Denkt daran, die Frage des Reagierens lösen, heißt, mehr als die Hälfte unseres Christenlebens bewältigt zu haben. Menschen handeln; wir reagieren. Sie sagen etwas; wir reagieren. Sie nehmen eine bestimmte Haltung ein; wir reagieren. Wir sind voller Reaktionen. Da sich der größere Teil unseres Lebens aus Reaktionen zusammensetzt, bedeutet auf christliche Weise reagieren gleichsam, Gott angenehm zu sein.

Vielleicht möchtet ihr wissen, weshalb diese Angelegenheit so viel Aufmerksamkeit verdient? Da möchte ich euch schon mahnen, doch ja nicht zu denken, was wir hier behandeln wäre unwichtig. Seit mehr als zwanzig Jahren habe ich innerlich sehr stark den Eindruck, daß viele, die schon jahrelang Christen sind, noch immer nicht wissen, welche Reaktionsweise der Herr von ihnen erwartet. Sie haben schon dutzendemal gelesen, was der Herr in der Bergpredigt lehrt, und doch noch nicht erkannt, wie sie nach des Herrn Willen reagieren sollten. Als Folge davon sind ihre Reaktionen selbst nach so vielen Jahren des Christseins immer noch grundlegend falsch. Stößt ihnen etwas zu, dann erheben sie alle möglichen Einwände, überlegen hin und her, berufen sich auf das Gesetz und fordern Gerechtigkeit. Sie haben nicht erfaßt, wie ein Christ zu reagieren hat. Stattdessen reagieren sie nach der Gerechtigkeit des Gesetzes, der Heiden und der Zöllner. Sie sind genau wie die Heiden und die Zöllner. So sagen sie auch weiterhin: »Hab ich nicht recht?« und halten ihr Tun für völlig angebracht. Sie vergessen, daß Christen in solchen Dingen nicht nach der Vernunft handeln sollten; sie wissen nicht, was christlich reagieren heißt. Dies ist erwiesenermaßen ein großes Problem.

Selbst wenn ihr gute Gründe habt, ihr solltet sie nicht geltend machen. So vorzugehen ist falsch. Ob ihr etwas Verläßliches sagt oder nicht, es zeugt so oder so von einer falschen Geisteshaltung, wenn ihr davon sprecht. Wer die christliche Reaktionsweise nicht kennt, mag so tun als wäre er mit seiner Reaktion völlig im Recht. Nach dieser Denkweise ist es auch in der Gemeinde ganz in Ordnung, wenn einer den andern angreift und beschuldigt. Wenn sich dann ein Bruder stille verhält und in wahrhaft christlicher Weise reagiert, so wird derjenige, der die christliche Reaktionsweise nicht kennt, des andern Stillschweigen als sicheres Zeichen dafür betrachten, daß dieser im Unrecht ist. So aber gewinnt in der Gemeinde immer mehr ein weltliches Verhalten die Oberhand.

Wie wichtig ist es da, Neubekehrten klar zu machen, was christlich reagieren heißt. Dann wissen sie, wie sie vor Gott wandeln sollten und sind in der Lage, andere anders zu beurteilen als zuvor. Andernfalls beurteilen sie andere falsch, rechtfertigen jene, die nicht christlich reagieren, und verurteilen die, die nach dieser Regel leben. Kürzlich war ich Mittelpunkt eines Streitgespräches; jemand sagte, ich wäre so getadelt worden, daß ich darauf kein Wort mehr zu erwidern gewußt hätte. Der dies sagte, hielt dafür, es sei recht, sich zu wehren, und falsch, zu schweigen. Dazu muß ich leider sagen, daß dieser weder den Weg des Kreuzes kannte noch wußte, was christlich reagieren heißt. Neubekehrte sollten schon in den ersten paar Monaten lernen, daß das Christsein eine bestimmte Reaktionsweise einschließt. Wenn sie nicht wie Christen reagieren, dann sind sie ja noch immer wie die Zöllner und Heiden. Ein Christ sollte aber auch nach Christenweise reagieren.

Normalerweise tun wir in unserem Leben nur wenig aus eigenem Antrieb; unser tägliches Leben besteht mehr aus Reaktionen. Mehr als die Hälfte unseres Lebens ist passiv. Wir reagieren, je nachdem wie die Leute an uns handeln. Wir empfinden genauso wie andere empfinden. Angesichts dieser Tatsache werden wir, solange wir falsch reagieren, nicht viel von einem Leben haben, das vor Gott gelebt wird.

Die fundamentale Grundlage der Reaktion

Nachdem wir kurz unseren Abschnitt im Matthäus-Evangelium durchgenommen haben, wollen wir nun sehen, worin die fundamentale Grundlage der Reaktion bestehen kann. Des Menschen Reaktion auf alltägliche Gegebenheiten kann auf drei verschiedene Ebenen eingestuft werden: erstens, auf die Ebene des Verstandes oder der Vernunft; zweitens, auf die Ebene eines guten Benehmens; und drittens, auf die Ebene des Lebens aus Gott. Wer auf der Ebene des Verstandes lebt, reagiert launenhaft und heftig; wer auf der Ebene eines guten Benehmens lebt, reagiert geduldig und nachsichtig; wer aber auf der Ebene des heiligen Lebens aus Gott lebt, reagiert übernatürlich, geistlich.

Wenn euch jemand auf die rechte Backe schlägt, werdet ihr sagen: »Warum hast du mich geschlagen?« Euer Herz ist voller Vermutungen. Man hat euch auf die Backe geschlagen, und darob zornig geworden, beginnt ihr euch mit dem, der das getan hat, auseinanderzusetzen. Ihr bewegt euch auf der Ebene der Vernunft, daher ist eure Reaktion Unwille und Wut. Oder möglicherweise seid ihr euch der Tatsache bewußt, daß sich Christen gut benehmen sollten und daß es daher falsch wäre, zornig zu werden. So reagiert ihr wie einer, dem jemand den Rock genommen hat; ihr ertragt es geduldig und laßt euch nehmen, ohne auch nur ein Wort zu sagen. Ihr haltet dafür, daß ihr als Christen nichts sagen dürft, sondern solches geduldig auf euch zu nehmen habt. Doch nach den Worten des Herrn gibt es noch ein anderes Reagieren – ein Reagieren wie er es von uns erwartet.

Zu Reagieren wie es uns vom Herrn auferlegt ist, bedeutet weder zornig werden, wenn wir auf die Backe geschlagen werden, noch versuchen, es geduldig zu ertragen, wenn uns der Rock genommen wird. Der Herr hat auch nicht nur gesagt, ihr sollt diese Meile geduldig mit dem gehen, der euch dazu nötigt. Er sagte vielmehr, bietet ihm auch die linke Backe dar. Wenn er euern Rock will, dann gebt ihm auch den Mantel; oder zeitgemäßer ausgedrückt, wenn er dein Hemd will, gib ihm auch den Rock. Wenn er euch nötigt, eine Meile mitzugehen, dann begleitet ihn auch die zweite. So reagieren, heißt nicht nur geduldig reagieren, sondern überirdisch, geistlich reagieren. Es ist mehr, als was Menschen von uns fordern. Der Mensch verlangt nur so viel, doch da wir vor Gott wandeln, geben wir mehr, als von uns gefordert wird. Es geht nicht nur darum, etwas geduldig zu ertragen, sondern darum, über das von uns geforderte Maß hinauszugehen.

Brüder und Schwestern, ich möchte, daß ihr vom ersten Tag an, da ihr an Christus glaubt, wißt, was es heißt, das Leben eines Gläubigen zu leben. Der Herr hat klar zum Ausdruck gebracht, daß Christen nur eine Reaktionsweise kennen sollten. Diese Reaktionsweise besteht weder in Auseinandersetzungen noch in einem geduldigen Ertragen, sondern darin, ein Mehr zu tun. Denkt daran, wenn es das Übliche nicht übertrifft, ist es nicht christlich. Nur geduldig zu ertragen genügt nicht für einen Christen. Der Herr sagt nicht mehr Auge um Auge – wenn jemand mein Auge verletzt, dann verletze ich auch das seine. Er sagt vielmehr, gib ihm eines dazu. Wenn jemand mein Auge verletzt, dann gebe ich ihm folglich eines hinzu. Seht ihr ein, daß eines Christen Reaktion weder darin besteht, sich zu rächen und zurückzuschlagen, noch darin, im Ertragen Geduld zu beweisen? Sie besteht darin, ein weiteres Auge hinzuzufügen.

Was heißt christlich reagieren?

Vom alttestamentlichen Auge um Auge, hin zum neutestamentlichen ein Auge und noch eines dazu; von einem Hemd für ein Hemd, hin zu einem Hemd samt dem Rock; von einer Meile für eine Meile, hin zu einer Meile und noch eine dazu – von der erstgenannten zur zweitgenannten Reaktionsweise, sind es zum mindesten zwei Schritte. Auge um Auge ist eine Reaktionsweise; Zorn eine andere; Geduld eine weitere, und ein Auge dazutun nochmals eine andere Art der Reaktion. Von diesen vier Reaktionsarten scheiden drei für uns aus. Wenn wir erfaßt haben, was Gott von uns erwartet, dann wissen wir, wie wir zu reagieren haben.

Wir wollen die drei angenommenen Vorkommnise noch etwas näher erläutern. Auf die Backe geschlagen zu werden ist eine Schmach. So verstanden es auch die Juden und die Römer. Wie aus vielen römischen Büchern ersichtlich ist, zogen es Sklaven oftmals vor, getötet zu werden, statt von ihren Herren auf die Backe geschlagen zu werden. Getötet zu werden konnten sie ertragen, auf die Backe geschlagen zu werden jedoch nicht. Backenstreiche zu erhalten war damals eine durch nichts mehr zu überbietende Entehrung.

Kleider zählen zu den bestbegründeten Besitztümern des Menschen, denn ohne Kleider kommt er nicht aus. Selbst der Ärmste muß sich kleiden und braucht Hemd und Rock. Wie anspruchslos jemand auch immer sein mag, ein Hemd und einen Rock muß er dennoch tragen. Dies wird auch weltweit als Anspruch und eine Lebensnotwendigkeit anerkannt. Nun kommt aber jemand und will euch euer Hemd wegnehmen. Er will nicht irgend etwas von euerm Besitz oder Land, sondern euer Hemd. Es geht hier ans Fundamentalste von euerm Besitz, um das bestbegründete von allem. Um euch das Hemd nehmen zu können, muß er euch zuerst dazu bringen den Rock auszuziehen. Es greift somit an das Nächstliegende von allem was ihr besitzt. Wenn Backenstreiche Schmach bedeuten, dann geht es beim Wegnehmen des Hemdes an den Grund menschlichen Eigentums.

Was die Nötigung, eine Meile mitzugehen, betrifft, liegt hier die Betonung auf dem Zwang; es ist eine Willenssache. Ich hatte nicht die Absicht, diesen Weg zu gehen, er wurde mir aufgedrängt. Dies tut meinem Willen weh. Ich muß meinen Willen unterdrücken, um diesen Weg zu gehen.

Der Christ reagiert mit der linken Backe, dem Rock und der zweiten Meile. Wenn Leute mein Hemd wollen, dann gebe ich ihnen auch den Rock. Wenn sie mich nötigen, eine Meile mit ihnen zu gehen, dann gehe ich auch die zweite. Wenn sie mich auf die rechte Backe schlagen, dann biete ich ihnen auch die linke dar. All dies beweist, daß mich die rechte Backe, das Hemd oder die erste Meile nicht zu beeindrucken vermögen. So zu reagieren, entspricht nicht unserer Natur. Wenn mich die rechte Backe noch zu erregen vermöchte, würde ich die linke nicht auch noch darbieten. Wenn mir die erste Meile schon zuviel wäre, würde ich da noch eine zweite gehen? So lautet die Frage, die sich ein jeder von uns zu stellen hat: wie reagiere ich?

Als Christen sind wir von Schmach- und Ehrgefühl, vom materiellen Besitz und vom Eigenwillen erlöst. Nunmehr befreit, stehen wir über den Problemen um das Ansehen oder den Stolz, des Besitztums und des Eigenwillens. Diese Dinge vermögen uns nicht mehr zu beeindrucken. Wir können mühelos auch die zweite Meile gehen.

Wir müssen vor Gott stehend lernen, nicht verstandesmäßig zu überlegen und zu argumentieren. Die erste Lektion des Kreuzes lautet: laßt euch nicht von der Vernunft leiten. Ich glaube nicht, daß Brüder und Schwestern so tief fallen, daß sie sich rächen wollen, daher wollen wir nicht näher auf die Reaktion »Auge um Auge und Zahn um Zahn« eingehen. Wir sind uns zwar bewußt, daß auch Rache eine der möglichen Reaktionen ist. Wir wollen uns jedoch lieber eingehend mit den drei andern Reaktionsweisen befassen. Wenn also ein Bruder oder eine Schwester wieder auf die Stufe des Gesetzes zurückfallen und nach Rache trachten wird, so vermute ich anderseits, daß viele verstandesmäßig vorgehen und von Gerechtigkeit sprechen wollen. »Du hättest mich nicht schlagen dürfen«, so mögt ihr einwenden. Denkt aber daran, sobald einer den Leuten Vernunft einreden will, beweist er damit, daß er sich vom Vorgefallenen hat beeindrucken lassen. Der Herr lehrt uns aber anders reagieren. Er zeigt uns, daß wenn uns die Leute grundlos schlecht behandeln, wir genau das Gegenteil tun und ihnen ebenso grundlos freundlich begegnen können. So wie die erste Meile völlig unbegründet ist, ist es auch die zweite. Es besteht für beide kein vernünftiger Grund. Auf die rechte Backe geschlagen werden, heißt grundlos geschlagen werden; die linke darzubieten, um sich schlagen zu lassen, geschieht ebenfalls ohne jeden vernünftigen Grund. Wenn es höchst unvernünftig ist, sich das Hemd nehmen zu lassen, dann ist es nicht minder vernunftswidrig, den Rock auch noch wegzugeben. Versteht ihr nun, daß wir uns als Christen nicht von der Vernunft leiten lassen dürfen? Wenn andere gegen alle Vernunft schlecht an uns handeln, dann ist es an uns, ebenfalls gegen alle Vernunft freundlich zu sein!

Ein Christ tut weder was recht ist noch was gut ist. Wenn mir jemand das Hemd nehmen will, habe ich das Recht, es ihm zu verweigern; es ist aber gut, wenn ich es ihm gebe. Als Christ gehe ich jedoch weiter und gebe ihm beides, das Hemd und den Rock. Unser Weg ist klar. Es ist mein gutes Recht, ihm das Hemd zu verweigern. Warum sollte ich es ihm geben? Wozu auch? Nur weil er es mir wegnehmen will? Und doch tue ich gut daran, wenn ich es ihm gebe; ein wahrhaft guter Mensch würde es ihm auch geben. Aber denkt daran, weil ihr tut was recht ist oder weil ihr das Gute tut, seid ihr noch keine Christen. Ein Christ gibt nicht nur das Hemd, er gibt auch den Rock. Wer noch ein zweites Kleidungsstück gibt, der ist ein Christ.

Was heißt nun demnach christlich reagieren? Des Christen Reaktion besteht nicht im tun was recht oder gut ist, sondern darin, daß ich übernatürlich, geistlich handelt. Je mehr ein Gotteskind verfolgt, bedrängt und benachteiligt wird, desto höher die Stufe, die es erklimmt. Wie beklagenswert ist es doch, wenn ihr fallt, sobald ihr irgendwie bedrängt werdet. Wer wütend wird, alle möglichen Einwände erhebt oder auch etwas einfach erduldet, ist wirklich zu bedauern. Die Zeit, da ihr hintangesetzt werdet, ist eure Zeit, euch über alles emporzuschwingen. Nehmt mir das ab, wenn ich sage, daß dies Christsein bedeutet.

Ich denke da gerade an einen vor vielen Jahren verstorbenen Bruder. Ich erinnere mich noch besonders gut einer Bemerkung, die über ihn gemacht wurde: »Wenn man nie sein Feind gewesen wäre, hätte man auch nie erfahren, wie groß seine Liebe war.« Dies ist wahrhaftig ein treffliches Wort. Das sollte man von jedem Christen sagen können. Je grimmiger er verfolgt wird, desto größer erweist sich seine Kraft. Je schlechter er behandelt wird, desto großmütiger wird er. Als der eben erwähnte Bruder starb, war von vielen Brüdern die Bemerkung zu hören: »Um die überzeugende Kraft seiner Liebe zu erfahren, mußte man sein grimmigster Feind gewesen sein. Wir konnten ihn noch so schlecht behandeln, er war nie überfordert; denn je schlimmer wir es trieben, desto größer erwies sich seine Liebe.« Dies ist es, was wir christliche Reaktionsweise nennen. Je mehr ihr einem Christen den Weg versperrt, desto weiter öffnet sich ihm der Weg.

Denkt aber daran, daß dies noch nicht allzu tiefgründig ist. Was uns in Matthäus 5 bis 7 aufgezeichnet ist, war die erste Predigt des Herrn Jesus. Die Bergpredigt war das erste, was die Jünger vernahmen. Dies sollte daher auch als erstes den Neubekehrten beigebracht werden. Sobald Leute hinzukommen, sollte ihnen gesagt werden, welches die Reaktionsweise der Christen ist. Ein Christ zu sein, heißt so und so reagieren. Wenn ihr nicht so reagiert, wird es euch innerlich nicht wohl sein, glaubt mir das. Wenn ein Christ sich mit jemandem auseinandersetzt, wird es ihm nicht wohl sein, wenn er nach Hause kommt. Wenn er murrt, wenn ihm etwas weggenommen wird, ist ihm bestimmt unbehaglich zumute, wenn er zu Hause anlangt. Gibt er jedoch, wenn ihm jemand das Hemd nimmt, auch den Rock dazu, dann wird er so glücklich sein, daß er laut »Halleluja« rufen möchte. Ist es nicht so? Wenn ihr an Dingen festhaltet, ist euch unbehaglich zumute. Wenn ihr nicht leiht, wenn ihr darum ersucht werdet, bewahrt ihr euch zwar das Geld, geht aber dafür der Freude verlustig. Gebt daher dem, der euch bittet. Und wenn jemand mit euch vor Gericht gehen und euch das Hemd nehmen will, dann gebt ihm auch den Rock. So Christ zu sein, wird euch mit Freude erfüllen.

So viele Christen haben deshalb so traurige Gesichter, weil sie nicht bereit sind, die zweite Meile zu gehen. Weil sie sich weigern und sträuben, vermögen ihre Herzen nicht mehr zu singen. Würden sie sich doch nur aufmachen und die zweite Meile antreten, sie wären bald einmal so erleichtert, daß sie vor Freude laut singen könnten.

Viele Brüder und Schwestern haben Mühe, richtig zu reagieren, weil sie den Herrn nicht kennen. Der Gedanke, die zweite Meile gehen, die linke Backe darbieten und den Rock weggeben zu sollen, setzt ihnen zu. Sie halten dies weiterhin für übertrieben und unvernünftig. Darf ich euch aber darauf aufmerksam machen, daß es der Herr selbst war, der sagte: »Biete ihm auch den andern dar.« Die zweite Meile, der Rock, und die linke Backe, sind Forderungen, die der Herr erhebt und nicht ein Mensch. All jene, denen das zweite Kleidungsstück, die linke Backe und die zweite Meile Mühe machen, die haben Mühe mit dem Herrn und nicht mit einem Menschen.

Des Herrn Gebot ist »unvernünftiger« als das Begehren unvernünftiger Leute. Wenn ihr Menschen für unvernünftig haltet, dann bedenkt doch, die Forderung des Herrn ist noch mehr gegen alle Vernunft. Wenn schon das erste Kleidungsstück zu fordern unvernünftig ist, dann trifft das beim zweiten weit mehr zu. Wenn die eine Backe nicht geschlagen werden sollte, dann die andere noch viel weniger. Wenn eine Meile schon unvernünftig ist, dann ist die zweite noch unvernünftiger. Der Herr aber fordert das zweite, es ist sein Gebot. Folglich ist sein Gebot unnachsichtlicher als das Begehren eines unvernünftigen Menschen.

Warum ist des Herrn Gebot so streng und bestimmt? Weil er weiß, daß das Leben, das er uns schenkt, ein überirdisches Leben ist. Dieses Leben wäre nie ein behagliches und glückliches, wenn es nicht über unserem natürlichen Leben stehen würde. Je mehr Schmach, Verlust oder Schwierigkeiten uns jedoch begegnet, desto mächtiger erweist sich Gottes Kraft.

So hat also ein Christ zu reagieren. Solch ein Leben, liebe Brüder, ist überirdisch und vermag sich über alles emporzuschwingen. Es ist die Lebensweise des Gläubigen. Alles, was geringer ist als dies, ist unchristlich.

Ertragt ihr es, wenn ich sage, daß gewisse Leute die Bibel so schlecht kennen, daß sie die Bergpredigt in Matthäus 5 bis 7 für Gesetz halten? Nein, dies ist keineswegs Gesetz; dies ist Gnade. Ich hoffe, ihr alle wißt, was Gnade ist. Gnade ist, geben was nicht verdient ist. Erlaubt mir die Bemerkung, daß die erste Backe, das erste Kleidungsstück und die erste Meile, bereits Gnade sind. Auge um Auge und Zahn um Zahn, das ist Gesetz. Die rechte Backe ist bereits Gnade und ebenso auch das Hemd und die erste Meile. All dies haben wir nicht verdient. Doch das Leben in uns ist über all diese Dinge so erhaben, daß sie uns nicht zu beeindrucken vermögen. Durch dieses überirdische Leben vermögen wir nicht nur die erste Meile zu gehen, sondern müssen und dürfen wir auch noch die zweite gehen. Genauso geben wir nicht nur das Hemd, sondern auch den Rock. Wir bieten nicht nur die linke Backe dar, sondern auch die rechte. Erlaubt mir, euch zu sagen, daß dies Gnade ist und nochmals Gnade. Dies ist nicht Gottes Gnade, sondern die Gnade der Kinder Gottes. Das sind die Kinder Gottes, die Gnade zeigen, wie sie der Gott der Gnade zeigt. Da Gott den Menschen gibt, was sie nicht verdienen, geben auch wir ihnen mehr als sie von uns erbitten. Habt ihr nun erfaßt, daß dieses Christsein bedeutet?

Warum sollen wir etwas tun, das über unsere menschlichen Begriffe geht? Weil die Bergpredigt unseren Gesichtskreis erweitert hat. Gott bereichert uns durch diese Reaktionen. Viele Dinge sind uns kostbar. Wenn aber nicht nur das Hemd, sondern auch der Rock weggeht und uns dies immer und immer wieder zustößt, dann werden wir innerlich zunehmen und wachsen. Wir werden hoch über unserem Rock stehen und noch viel, viel höher über unserem Hemd. Viele Christen sind genau so eng wie die Kleider, die sie tragen. Schon die Fehlbehandlung eines einzigen ihrer kostbaren Kleidungsstücke berührt sie derart, daß sie wütend werden und ihre ganze Christenwürde verlieren. Lohnt es, sich auf Kosten unserer Christenwürde um eines Kleidungsstückes willen zu streiten? Und doch finden wir leider überall solch armselige Leute.

Gott hat euch ein hoch erhabenes Leben geschenkt; ihr habt daher die Möglichkeit, fortwährend zuzunehmen. So könnt ihr nicht nur ein Kleidungsstück fahrenlassen, sondern auch deren hundert. Wenn ihr die erste Meile gehen könnt, wenn jemand euch nötigt, dann könnt ihr auch spontan und freudig die zweite Meile mitgehen. Auf diese Weise erweitert Gott euern Gesichtskreis. Des Menschen Stolz ist ebenfalls höchst bedeutsam. Schmach und Schande kann er nicht ertragen. Viele sind bereit, sich von ihren Kleidern zu trennen, aber Schande können sie nicht ertragen. Es kommt sie schon hart an, nur ein paar geringschätzige Worte hinzunehmen. Ihr aber sollt nicht nur geduldig ertragen, sondern selbst Schläge freudig hinnehmen. Wenn ihr auch die linke Backe darbietet, kommt ihr voran. Indem ihr an andern tut, was sie nicht verdienen, nehmt ihr zu und hört ihr nicht auf zu wachsen.

Euer Wille ist stark; ihr besteht immer wieder darauf, was ihr tut, auf bestimmte Weise zu tun. Heute mögt ihr euch auf stärkstes Drängen hin bereitfinden und gehorchen; so nehmt ihr es auf euch, auch die zweite Meile zu gehen. Wenn aber euer Wille ungebeugt ist, dann ist solch einem Drängen folgen eine äußerst mühselige Angelegenheit, glaubt mir das. Wenn ihr euch nur unter Zwang beugt, dann leidet ihr. Wenn ihr aber euern Willen bereitwillig beugt, könnt ihr mit Riesenschritten wachsen.

In letzter Zeit begegne ich in der Welt laufend recht armseligen Leuten. Zur gleichen Zeit bin ich aber in der Gemeinde nicht vielen großmütigen Menschen begegnet. Ich hoffe daher, daß Neubekehrte diesen Weg der göttlichen Reaktionsweise gehen; so werden sie wachsen. Wir wachsen durch richtiges reagieren. Durch das Leben aus Gott übernatürlich reagieren, ist die Grundregel des geistlichen Wachstums. Wenn wir immer diesem übernatürlichen Leben gemäß reagieren können, werden wir immer großmütiger. Materielle Dinge werden uns nicht mehr aufhalten, und Schmach oder Verachtung uns nicht zu enttäuschen vermögen; selbst unser eigener, starker Wille wird uns keine Grenzen mehr setzen können. So werden wir immerfort weiterwachsen. Wenn dies nicht der Fall ist, wird auch die Gemeinde aus lauter armseligen Leuten bestehen.

Übersinnliches Leben ist unerläßlich

In der Welt mögt ihr manchmal großmütigen Leuten begegnen, oder solche, die zum mindesten großmütig zu sein scheinen. Es gibt Leute, die einen besonders gutmütigen Charakter haben; sie grübeln nicht einmal darüber nach, wenn sie geschlagen werden. Andere sind so schüchtern, daß sie kein Wort sagen, aber ich glaube ihre Herzen sind deswegen nicht weniger voller Ärger und Verdruß. Ihre Reaktionen sind genauso armselig wie ihr Leben. Ich kann daher nicht sagen, die zweite Meile sei an sich schon genug, denn die zweite Meile entspricht einem Grundsatz – dem Grundsatz der über das Natürliche hinausgehenden Erhabenheit. Nur Reaktionen, die auf diesem Grundsatz beruhen, sind für einen Christen gut genug.

Übersinnlichkeit bedeutet, daß ihr hoch über der Situation steht. Da braucht ihr nicht erst auf die Zähne zu beißen, um es geschehen zu lassen, wenn euch jemand schlagen will. Ihr gebt auch das Hemd, dem der euch darum bittet, nicht nur widerstrebend. Ihr geht auch nicht nur so gemächlich eine Meile mit, weil man euch dazu genötigt hat. Ob es das eine oder das andere ist, es so zu tun hilft euch nicht weiter, da ihr noch nicht drübersteht. Wer kann denn drüberstehen? Es ist der, dem der Herr ein so reiches Leben geschenkt hat, daß er, wird er schmählich behandelt, auch die linke Backe darbeiten kann. Es ist der, der ein so erhabenes Leben besitzt, daß er auch die zweite Meile gehen kann, obschon er nur eine mitzugehen genötigt wurde. Mit andern Worten, christliche Reaktion ist weder etwas Aufgezwungenes noch ein kärgliches Geben.

Kürzlich hörte ich wie eine Schwester sagte: »Ich wäre beinahe wütend geworden.« Als sie dies sagte, sah sie zudem aus, als hätte sie einen Sieg errungen. Darf ich euch aber sagen, das dies nicht der Reaktionsweise eines Christen entspricht; denn echte christliche Reaktion ist überfließend und hat daher stets noch mehr zu geben. Ihr müßt imstande sein, mehr hinzunehmen. Dies nennt man die zweite Meile. Wenn ihr jemanden ertragt, der euch schlecht behandelt, dann ist dies die rechte Backe. Wenn ihr ihn als Antwort doppelt so gut behandelt, seid ihr mehr als Überwinder vor Gott; dies ist die linke Backe. Die linke Backe bedeutet Überfluß haben, bedeutet noch mehr geben zu können. Laßt mich nochmals sagen, der christliche Sieg ist immer überfließend, ist nie nur gerade knapp ausreichend. Ein Christ hat immer noch mehr als genug übrig. Er kann immer über das hinausgehen, was er selbst imstande wäre. Sein Sieg ist daher keine Gewaltanstrengung. Er hat es nicht nötig, die Zähne zusammenzubeißen und sich zuzureden, um bestehen zu können. Auf den Herrn blickend überwindet er weit und mühelos. Er läßt sich vom Herrn immer und immer wieder neu bereichern. Er ist immer imstande, der Gnade der Kinder Gottes Ausdruck zu geben.

Warum müssen wir auch die linke Backe darbieten? Dieses Verhalten weist darauf hin, daß, läßt der Herr es zu, daß Menschenhand uns übel behandelt, wir es vorziehen, lieber den Herrn noch mehr sein Werk in uns tun zu lassen, als es zu schmälern. Deshalb bieten wir auch die linke Backe dar. Der Herr braucht eine menschliche Hand, um uns stets vermögender zu machen und uns Gelegenheit zu geben, zu wachsen. Diese menschliche Hand will nur die rechte Backe treffen, wir hingegen geben auch noch die linke dazu. Mit unserer Reaktion leisten wir nicht nur dem keinen Widerstand, was der Herr durch Menschen tut, wir ermöglichen ihm außerdem in zunehmendem Maße in uns wirken zu können. Der Herr befaßt sich mit uns, so wollen auch wir uns mit uns befassen. Mit andern Worten, wenn Menschen uns auf die rechte Backe schlagen, dann scheinen wir uns mit ihnen zu verbünden, um uns zu schlagen. Wir stehen nicht im Widerstreit mit jenen die uns schlagen; wir stehen sogar auf ihrer Seite. Wir haben das Gefühl, ein Streich genüge nicht, also fügen wir noch einen hinzu.

Unser Gebet lautet folgendermaßen: »Möge des Herrn Hand mich treffen. Wenn ich alles verliere, dann kann ich nichts mehr verlieren. Wenn ich gänzlich gestorben bin, kann ich nicht weiter sterben. Solange ich noch sterben kann, bin ich noch nicht genug gestorben. Solange ich noch verlieren kann, habe ich noch nicht genug verloren. Ich bin bereit, des Herrn Hand eher mehr als weniger an mir wirken zu lassen.« Wenn wir auf des Herrn Seite zu bleiben vermögen und uns mit uns befassen, werden Rachegedanken gegen andere bei uns nie Fuß fassen können.

Wir leben dieses überlegene, erhabene Leben dem Herrn, denn niemand verlangt mehr als er. Das Höchste was Menschen verlangen können, ist lediglich eine Meile, der Herr aber fordert eine zweite. Habt ihr darauf geachtet, wie bestimmt er dies sagt? Wozu Menschen mich nötigen können, beschränkt sich auf die erste Meile, ich aber gebe ihnen etwas mehr. Ich füge noch hinzu, denn durch den Herrn stehe ich über der Situation.

Fest auf christlichem Boden stehenbleiben

Was ist besser, zu schlagen oder geschlagen zu werden? Bejaht ihr den Weg, den die meisten Leute einschlagen? Und wollt ihr, weil sie andere schlagen, dies auch tun? Laßt euch das aber gesagt sein, wer andere schlägt, gebärdet sich nicht wie ein Christ.

Wenn ihr heute von einem Bruder geschlagen werdet, wißt ihr, was er euch damit unbewußt gibt? Er verschafft euch eine großartige Gelegenheit – eine bessere könnte es wohl kaum geben –, nämlich als Christen zu erstarken. Angenommen ihr reagiert darauf mit: »Wie kann sich dieser Bruder unterstehen mich zu schlagen? Wie unbesonnen ist er doch?« Wenn dies eure Reaktion ist, seid ihr da nicht versucht zuzückzuschlagen? So zu reagieren ist unchristlich. Sobald als dieser Bruder euch schlägt, wißt ihr sogleich, daß er nicht so handelt, wie er als Christ handeln sollte; ihr wißt aber gleichzeitig, daß er damit euch eine feine Gelegenheit verschafft hat, wie Christen darauf zu reagieren.

Alle, die andere schlagen, sind ihrer christlichen Würde verlustig gegangen. Solchen können wir unmöglich Lob spenden. Vergessen wir aber auch nie, daß, wenn immer uns jemand mißhandelt, schlecht von uns spricht oder Unvernünftiges von uns verlangt, wir durch ihn Gelegenheit erhalten, unsererseits wie Christen zu reagieren. Es ist fast, als ob er sagen würde: »Ich denke gar nicht daran, ein Christ der Tat zu sein, das überlasse ich lieber dir!«

Falls ein Bruder euch vor Gericht verklagen sollte, oder euch Geld oder Kleider wegnehmen will, dann beweist er damit, daß er sich nicht länger wie ein Christ verhalten will, von euch aber erwartet, daß ihr euch so verhaltet. Er seinerseits verläßt den christlichen Boden, euch aber schiebt er geradezu darauf. Solltet ihr da nicht Gott für diese Gelegenheit danken und sagen: »O Gott, ich danke dir und preise dich, denn damit stellst du mich nur fester auf christlichen Grund. Dies ist wahrlich deine Gnade.« Sobald ihr euch jedoch auf jene Ebene hinunterbegebt, da man zurückschlägt, ist es aus mit euch. Ihr geht eures christlichen Bodens verlustig und überlaßt andern die Gelegenheit. Daher sollten alle Brüder und Schwestern danach ringen, auf dem christlichen Boden stehenbleiben zu können.

Einmal kam ein Bruder wegen einer geschäftlichen Angelegenheit zu mir. Ich war ihm nichts schuldig, aber er bat mich um eine große Summe Geld. Den genauen Betrag habe ich vergessen, aber es waren etwa 68000 Dollar. Meine erste Reaktion war Entrüstung. Wie konnte er, ein Christ, so unvernünftig sein? Das war wirklich zu unverschämt. Konnte ein rechtschaffener Mensch eine so große Forderung stellen? Dann aber kam ich zu einer zweiten Reaktion. Ich wurde froh, und es machte mir Freude, ihm die Summe zu geben, selbst wenn es von ihm ungebührlich war. So fragte ich ihn: »Bruder, willst du das Geld wirklich?« Er antwortete: »Ja, ich will es.« In diesem Moment gab mir der Herr das Wort: »Er gibt dir Gelegenheit, dich als Christ zu beweisen, dessen Herz weit geworden ist.« Das war das erste Mal, daß der Herr so zu mir sprach. Darauf machte ich das Geld bereit und gab es dem Bruder. Von dem Tag an hatte ich eine wichtige Lektion gelernt. Wenn Menschen so handeln wie dieser Bruder, dann verlassen sie den christlichen Boden, uns aber geben sie eine Gelegenheit, uns auf diesem Boden zu bewähren. Wenn wir in solchen Fällen den christlichen Boden ebenfalls verlassen, ist dies höchst beschämend und bedauernswert. Wir müssen sagen lernen: »Der Herr hat uns auf diesen Boden gestellt, um es uns möglich zu machen, Christen der Tat zu sein.« Und zum Herrn wollen wir sagen: »Herr, ich will wie ein Christ handeln.« Kein Verlust kann größer sein, als wenn wir alles andere als Christen der Tat sind. Geschlagen zu werden ist ein großes Übel; irgendwelcher Dinge beraubt zu werden ist ein großer Verlust; Schmach leiden ist ein großes Unheil; die Freiheit verlieren ist ein schwerer Schlag. Darf ich euch aber sagen, daß der Herr gerade dadurch, daß er solche Dinge zuläßt, sein Vertrauen euch gegenüber zum Ausdruck bringt und seine Gnade durch euch offenbart sehen möchte. Ihr sollt den Leuten nicht nur ein Beweis seiner Kraft, sondern auch seiner Gnade und seines Großmutes sein. Wie riesig groß sind doch die Verluste, wenn wir darin versagen.

Die Leute mögen den für stark halten, der andere schlägt; ich aber sehe in dem den Starken, der nicht zurückschlägt, wenn er geschlagen wird. Wer sein Temperament nicht im Zaum zu halten vermag, ist schwach; wer sich beherrschen kann, ist stark. Der Geschlagene ist der Starke; wer dazu noch seine linke Backe hinhält, beweist augenscheinlich wahre Stärke. Er muß stark sein, denn sonst könnte er nicht auch noch seine linke Backe darbieten, was gewissermaßen einem Sich-selbst-Schlagen gleichkommt. So laßt auch uns lernen, was vor Gott von geistlichem Wert ist und nicht bloß von zeitlichem Wert. Haltet euch nicht an weltliche Maßstäbe, sondern an geistliche Maßstäbe.

Ich möchte daher, daß alle Neubekehrten wissen, wie Christen zu reagieren haben. Wartet nicht drei, fünf, acht oder gar zehn Jahre, ehe ihr euch auf den Weg macht. Haltet die Bergpredigt nicht für etwas, das zu sehr in die Tiefe geht. Kein Christ sollte es aufschieben, zu lernen, was die Bergpredigt lehrt. Er sollte dies unverzüglich lernen, sobald er an den Herrn gläubig geworden ist, denn die Bergpredigt ist das erste, was der Herr lehrte. Ihr solltet euch daher gleich am Anfang damit befassen, denn das ist nicht etwas, das ihr erst erfassen könntet, nachdem ihr schon etliche Jahre mit dem Herrn gegangen seid. Was die Bergpredigt lehrt, ist grundlegend die Reaktionsweise des Christen, jene Reaktionsweise, die dem Wesen der Natur des Christen eigen ist. Es ist kein geistlicher Prozeß nötig, um zu dieser Reaktionsweise zu gelangen. Sobald ihr an den Herrn Jesus glaubt, wird es bei euch zu solchen Reaktionen kommen. Es wird sich wie von selbst so begeben. Und während ihr dann die zweite Meile mitgeht, wird euer Herz froh. Erst wenn ihr so handelt, seid ihr innerlich ruhig und glücklich. Dieses Leben braucht Verfolgung, Schmach und Mißhandlung. Je größer der Druck, desto mächtiger erweist sich die Kraft dieses göttlichen Lebens.

Zwei Dinge im Zusammenhang mit der Reaktion des Lebens

Abschließend noch zwei Dinge, die im Zusammenhang mit diesem Leben besonderer Erwähnung wert sind.

1. Die tägliche Bitte um Bewahrung vor Versuchung

Vor allem müssen wir den Herrn täglich bitten, uns nicht in Versuchung zu führen und daß er uns von dem Bösen erlösen möge. Nach weltlicher Ansicht ist es unmöglich nach solchen Lebensgrundsätzen zu leben. So zu reagieren, wie der Herr es uns auferlegt hat, ist nach irdischem Dafürhalten unmöglich. Auf uns selbst gestellt, sind wir nach einigen wenigen Versuchen bald einmal am Ende unserer

Kräfte angelangt. Im Wissen darum hat der Herr dem Gebet, das er uns in der Bergpredigt lehrt, die Bitte eingefügt: »Und führe uns nicht in Versuchung, sondern erlöse uns von dem Bösen« (Matth. 6, 13). Nur unter dem Schutz des Herrn vermögen wir in dieser Welt so zu leben. Ohne seinen Schutz wird uns dies nicht einen einzigen Tag gelingen. Dieses Gebet ist daher ein Muß. Es wäre nicht von Bedeutung, wenn wir nicht dieses Leben leben und nicht so reagieren wollten. Wenn wir aber durch die belebende Kraft Gottes leben wollen, müssen wir dieses Gebet täglich beten.

Von diesen Grundsätzen des Christenlebens sollten wir weder Ungläubigen noch Namenchristen etwas sagen. Nicht umsonst wird uns im folgenden Kapitel gesagt: »Gebt das Heilige nicht den Hunden, und werfet eure Perlen nicht vor die Schweine, damit sie dieselben nicht mit ihren Füßen zertreten und sich umwenden und euch zerreißen« (Matth. 7, 6). Hunde und Schweine zählen beide zu den unreinen Tieren. Hunde stehen für alles Sündhafte und Schmutzige. Schweine sind ein Bild für Christen ohne Leben – äußerlich haben sie gespaltene Füße und geteilte Hufe, innerlich sind sie keine Wiederkäuer. Nach außen geben sie sich als Christen aus, innerlich aber sind sie es nicht. Schweine steht in der Bibel für Namenchristen. Ihnen und Ungläubigen sollen wir nichts von diesen Weisungen sagen, denn damit würden wir uns nur unnötige Schwierigkeiten aufbürden. Sie werden uns beißen oder gar herausfordernd sagen: »So biete doch einmal deine Backe dar, und dann sieh zu!« Bitten wir daher, daß wir vor solch notvollen Erfahrungen bewahrt bleiben.

2. *An der uns geziemenden, christlichen Reaktion festhalten*

Wir suchen die Schwierigkeiten nicht. Wenn wir jedoch unter Gottes Zulassung oder von ihm herbeigeführten Umständen oder geführt durch den Heiligen Geist, in eine solche Lage kommen, ob durch Ungläubige oder durch Gläubige verursacht, dann brauchen wir nicht davonzulaufen. Wir müssen uns aber stets an eine uns geziemende Reaktionsweise halten.

Ich glaube, was wir nun darüber gesagt haben, dürfte genügen. Das Christenleben ist ein erstaunliches Leben. Je mehr ihr verfolgt, belästigt und unbillig behandelt werdet, desto glücklicher seid ihr vor

Gott. Dies allein ist der Weg des Glücks. Wollt ihr es nicht einmal ausprobieren? Wenn ihr einen Menschen schlagt, ist es euch dann dabei wohl oder unbehaglich zumute? Es ist besser, ihr werdet geschlagen. Wenn ich einen Bruder schlagen würde, und er wendete mir alsbald auch die andere Backe zu, dann wäre es mir sicher einen ganzen Monat lang nicht wohl.

Als Christen solltet ihr auch nie einen Menschen übervorteilen. Wenn ihr nämlich jemanden übervorteilt, verliert ihr vor Gott wertvolle Zeit, denn dann seid ihr außerstande, geistliche Fortschritte zu machen. Übervorteilen lohnt sich nie auf dieser Erde. Es ist besser, geschlagen zu werden, denn dann könnt ihr gut schlafen und getrost essen und singen. Denkt doch nie, daß Übervorteilen euch je einmal wirklich etwas einbringe. Ich bin überzeugt, daß wenn wir richtig reagieren, wir auch richtig wandeln. Dies ist ein fundamentaler Grundsatz dieses Lebens, den wir keineswegs übersehen dürfen.

Lektion 26

Befreiung

Denn was ich vollbringe, billige ich nicht; denn ich tue nicht, was ich will, sondern was ich hasse, das übe ich aus. Wenn ich aber das tue, was ich nicht will, so stimme ich dem Gesetz bei, daß es trefflich ist. Nun aber vollbringe nicht mehr ich dasselbe, sondern die Sünde, die in mir wohnt. Denn ich weiß, daß in mir, das ist in meinem Fleische, nichts Gutes wohnt; das Wollen ist zwar bei mir vorhanden, aber das Vollbringen des Guten gelingt mir nicht! Denn nicht das Gute, das ich will, tue ich, sondern das Böse, das ich nicht will, übe ich aus. Wenn ich aber das tue, was ich nicht will, so vollbringe nicht mehr ich dasselbe, sondern die Sünde, die in mir wohnt. Ich finde also das Gesetz vor, wonach mir, der ich das Gute tun will, das Böse anhängt. Denn ich habe Lust an dem Gesetz Gottes nach dem inwendigen Menschen; ich sehe aber ein anderes Gesetz in meinen Gliedern, das dem Gesetz meiner Vernunft widerstreitet und mich gefangennimmt in dem Gesetz der Sünde, das in meinen Gliedern ist. Ich elender Mensch! Wer wird mich erlösen von diesem Todesleib? Ich danke Gott durch Jesus Christus, unsern Herrn! So diene nun ich selbst mit der Vernunft dem Gesetz Gottes, mit dem Fleische aber dem Gesetz der Sünde. So gibt es nun keine Verdammnis mehr für die, welche in Christus Jesus sind. Denn das Gesetz des Geistes des Lebens in Christus Jesus hat mich frei gemacht von dem Gesetz der Sünde und des Todes (Röm. 7, 15–8, 2).

Das Verlangen nach Befreiung von der Sünde

Einer der an den Herrn glaubt, kann augenblicklich frei von Sünde sein. Diese Erfahrung wird jedoch durchaus nicht von allen Neubekehrten gemacht. Viele kennen noch kein Befreitsein von Sünde, nachdem sie am Anfang ihr Vertrauen auf den Herrn setzen. Im Gegenteil, sie müssen feststellen, daß sie immer wieder in Sünde fallen. Sie sind ohne Zweifel alle errettet und gehören dem Herrn an und haben ewiges Leben. Und doch bleibt die große Schwierigkeit bestehen, daß sie dann und wann wieder über Sünde beunruhigt sind, und damit außerstande, dem Herrn so zu dienen, wie sie es gerne tun möchten.

Es ist für einen erretteten Menschen überaus quälend, durch sein fortgesetztes Sündigen beunruhigt zu sein. Da ihn Gott erleuchtet hat, ist sein Gewissen wach und empfindsam. In ihm regt sich das Leben, das die Sünden verurteilt; er ist sich daher der Sünde bewußt. Er empfindet seine Verdorbenheit sehr und er verabscheut sich. Das ist fürwahr eine überaus schmerzliche Erfahrung.

Mit dieser Erfahrung tritt eine Unklarheit zutage: viele Gläubige wissen gar nicht genau, was Sünde ist. Manche sagen Sünde sei vermeidbar, man müsse ihr nur widerstehen. Sie wenden daher all ihre Kraft an, um der Versuchung zur Sünde zu widerstehen. Andere behaupten, die Sünde müßte überwunden werden. Demzufolge kämpfen sie unaufhörlich gegen die Sünde und hoffen, sie endlich überwinden zu können. Wieder andere erklären, weil die Sünde uns gefangen halte und uns unserer Freiheit beraubt habe, könnten wir von ihrer Verführung frei werden, wenn wir nur hart genug gegen sie ankämpfen würden. Aber diese drei Vorstellungen entspringen rein menschlichem Denken; sie entsprechen weder Gottes Wort noch Gottes Lehre. Keiner von diesen Wegen kann zum Erfolg führen und den Menschen den Sieg bringen.

Ich hoffe, daß ihr euch dies ganz besonders gut einprägt. Ich persönlich glaube, daß, sobald Leute an den Herrn gläubig geworden sind, ihnen auch der Weg der Befreiung gezeigt werden sollte. Ich gehe nicht damit einig, daß sie erst nach vielen mühevollen Wegen frei werden können. Sie sollten gleich von Anfang ihres Christenlebens an diesen Weg der Freiheit gehen.

Das Wort Gottes sagt uns nicht, daß wir die Sünde überwinden sollen; es lehrt uns vielmehr, daß wir von der Sünde befreit sein, frei gemacht sein müssen. Dies ist die Botschaft der Bibel. Die Sünde ist eine Macht, die die Menschen gefangenhält. Wir müssen aus ihrer Gewalt befreit werden und nicht versuchen, ihre Macht zu zerschlagen. Wir können sie nicht ausrotten, aber der Herr hat uns ihr entzogen.

Das Gesetz der Sünde

Denn was ich vollbringe, billige ich nicht; denn ich tue nicht, was ich will, sondern was ich hasse, das übe ich aus. . . . das Wollen ist zwar bei mir vorhanden, aber das Vollbringen des Guten gelingt mir nicht. Denn nicht das Gute, das ich will, tue ich, sondern das Böse, das ich nicht will, übe ich aus. Wenn ich aber das tue, was ich nicht will, so vollbringe nicht mehr ich dasselbe . . . Ich finde also das Gesetz vor, wonach mir, der ich das Gute tun will, das Böse anhängt. Denn ich habe Lust an dem Gesetz Gottes nach dem inwendigen Menschen; ich sehe aber ein anderes Gesetz in meinen Gliedern, das dem Gesetz meiner Vernunft widerstreitet und mich gefangen nimmt in dem Gesetz der Sünde, das in meinen Gliedern ist. . . . So diene nun ich selbst mit der Vernunft dem Gesetz Gottes, mit dem Fleische aber dem Gesetz der Sünde (Röm. 7, 15–25).

Wir müssen zu Römer 7 den Schlüssel finden. In den Versen 15–20 sind Worte wie die folgenden vorherrschend: »ich will«, »ich will nicht«, »ich hasse«, »das Wollen ist zwar bei mir vorhanden«, »das Gute, das ich will«, »das Böse, das ich nicht will« und so fort. Die fortwährend zum Ausdruck gebrachte Absicht lautet: »will«, »will nicht«, oder »Wollen«. Aber die Verse 21–28 lassen uns noch einen andern Kernpunkt erkennen. Hier liegt der Schwerpunkt nicht mehr in »will« oder »will nicht«, sondern augenfällig in der Wiederholung der Worte wie: »das Gesetz«, »ein anderes Gesetz in meinen Gliedern«, »das mich gefangen nimmt in dem Gesetz der Sünde, das in meinen Gliedern ist«, »diene nun ich selbst mit der Vernunft dem Gesetz Gottes, mit dem Fleische aber dem Gesetz der Sünde«. Wenn ihr diese beiden Schwerpunkte im Auge behaltet, werdet ihr in der Lage sein, das Problem zu lösen.

In diesem Abschnitt in Römer 7 macht sich Paulus Gedanken über das Überwinden. Er denkt, es wäre am besten, wenn er nicht mehr sündigen und dafür das tun könnte, was Gott wohlgefällig ist und Freude macht. Er will weder sündigen noch erleidet er gerne Niederlagen. Er bekennt, daß das Wollen bei ihm zwar vorhanden ist, daß aber das zu tun, was gut ist, seine Kraft übersteigt. Er will das Gute tun, aber es gelingt ihm nicht. Obschon er versucht, nicht zu sündigen, sündigt er doch immer wieder. Er hat Freude am Gesetz Gottes, aber er ist unfähig danach zu handeln. Mit andern Worten, er bringt es einfach nicht fertig, zu tun, was er tun möchte.

Wie wir aus den Versen 15–20 ersehen, kommt es bei Paulus zu einer völligen Niederlage, obschon er ernsthaft überwinden wollte. Die zeigt uns, daß der Weg zum Sieg nicht im »wollen« oder »nicht wollen« liegt. Der Sieg ist durch den Willen des Menschen nicht erreichbar. Paulus will und will, aber am Ende steht er doch stets als der Besiegte da. Denkt daher nicht, es wäre schon alles in Ordnung, wenn ihr nur den Willen habt, das Gute zu tun. Das Wollen liegt bei euch, das Vollbringen jedoch nicht. Alles, was ihr fertigbringt, ist zu wollen, aber das nützt euch nicht sehr viel.

Dann aber, von Vers 21 an, entdeckt Paulus, weshalb sein Das-Gute-tun-Wollen fruchtlos ist. Der Grund liegt darin, weil die Sünde ein Gesetz ist. Da Sünde ein Gesetz ist, ist es zwecklos, zu wollen. Paulus deckt uns den Grund seiner Niederlage auf. Er erklärt, daß das Böse in ihm gegenwärtig ist, obschon er das Gute tun wollte. Nach dem inwenigen Menschen hat er Freude am Gesetz Gottes, aber mit dem Fleisch dient er dem Gesetz der Sünde. Wenn immer er sich an Gottes Gesetz freuen und es halten will, findet er in seinen Gliedern ein anderes Gesetz – das Gesetz der Sünde – das ihn gefangennimmt. So oft er das Gute tun will, hängt ihm das Böse an. Dies ist ein Gesetz.

Viele, die schon jahrelang Christen gewesen sind, wissen trotzdem nicht, daß die Sünde eine Macht ist, die einen unumschränkten Herrschaftsanspruch zu stellen scheint. Sie sehen die Sünde nicht als ein Gesetz. Ich hoffe, daß sich neulich zum Glauben gekommene Brüder und Schwestern darüber klar werden, daß die Sünde, wie sowohl aus der menschlichen Erfahrung als auch aus der Bibel ersichtlich, ein Gesetz ist. Sie ist nicht nur eine Beeinflussung und eine Macht, sondern auch ein Gesetz. Paulus hatte entdeckt, wie vergeblich es für seinen Willen war, gegen ein Gesetz ankämpfen zu wollen.

Das Unvermögen des Willens, das Gesetz überwinden zu können

Der Wille ist die innere Kraft des Menschen, ein Gesetz hingegen ist eine natürliche Kraft. Beides sind Kräfte. Ich benütze jeweils gerne ein Beispiel, um den Leuten klarzumachen, was ein Gesetz ist. Wie wir wissen, übt die Erde eine Anziehungskraft aus. Diese Schwerkraft ist ein Gesetz. Warum nennen wir es ein Gesetz? Weil es sich mit ihr immer genau gleich verhält. Was nicht zufällig ist, ist Gesetz. Was nur gelegentlich geschieht, ist ein geschichtliches Vorkommnis, ist kein Gesetz.

Warum ist die Anziehungskraft der Erde ein Gesetz? Weil, wenn ich mein Taschentuch loslasse, es hinunterfällt. Das geschieht in China genauso wie in Deutschland. Wo immer auch man ein Taschentuch fallenläßt, geschieht dasselbe. Die Schwerkraft zieht es hinab; man nennt dies deshalb das Gesetz der Schwerkraft. Die Schwerkraft ist aber nicht nur eine Kraft, sie ist auch ein Gesetz. Wenn das Taschentuch nur gelegentlich von der Erde angezogen würde, könnte diese Kraft nicht als Gesetz bezeichnet werden. Ein Gesetz ist etwas, das immer in der genau gleichen Weise wirkt. Wenn ich meine Bibel hochwerfe, wird sie alsbald wieder herabfallen. Wenn ich einen Stuhl hochwerfe, wird auch dieser wieder herabfallen. Wenn ich aufspringe, werde auch ich wieder herabkommen. Ganz gleich wo es ist und was es ist, was hochgeworfen wird, kommt wieder herab. Daraus erkenne ich, daß ein Gesetz der Schwerkraft besteht.

Ein Gesetz bedeutet einfach, daß es sich immer so verhält. Es läßt keine Ausnahmen zu. Wenn sich etwas einmal so und ein andermal anders ereignet, ist es eine geschichtliche Begebenheit. Wenn es sich hingegen immer auf die gleiche Weise ereignet, ist es ein Gesetz. Wenn jemand auf der Straße ein Verbrechen begeht, wird er von der Polizei in Haft genommen. Sollte er diese Untat zu Hause begehen, wird er ebenfalls verhaftet. Wer auch immer mordet, einerlei wen und wo, wird von der Polizei festgenommen. Dies nennen wir ein Gesetz. Ein Gesetz kommt jedermann gegenüber zur Anwendung; es gibt keine Ausnahmen. Wenn ein Mensch heute jemanden tötet und von der Polizei in Haft genommen wird, dann aber morgen jemanden töten könnte und nicht verhaftet würde, übermorgen wieder tötete und festgenommen würde, dann könnte bei der Inhaftnahme nicht von einem Gesetz gesprochen werden. Ein Gesetz kann nicht anders als beständig sein. Es muß gestern und heute und auch morgen genau gleich Geltung haben. Der Ausdruck »Gesetz« besagt immer, daß etwas unveränderlich ist.

Jedes Gesetz hat seine naturgebundene Kraft – etwas, dem menschliche Anstrengung nichts beizufügen hat. Wir können die Erdanziehungskraft als Beispiel nehmen. Wo immer ich etwas fallenlasse, wird es nach unten gezogen. Ich brauche es nicht hinunterzudrücken, da es eine natürliche Kraft gibt, die bewirkt, daß es hinunterfällt. Hinter dem Gesetz steckt die Naturkraft.

Was ist nun der Wille? Der Wille ist des Menschen Entschlossenheit, des Menschen Entscheid. Es geht dabei darum, was der Mensch beschließt oder wünscht oder will. Die Ausführung des Willens geschieht nicht ohne seine Kraft. Wenn ich entschlossen bin, etwas zu tun, dann mache ich mich auf, es zu tun. Wenn ich den Entschluß gefaßt habe, spazierenzugehen, dann gehe ich; wenn ich essen will, dann esse ich. Als Mensch habe ich einen Willen und dieser, mein Wille, löst eine Kraft aus.

Zwischen dieser Willenskraft und der Kraft eines Gesetzes besteht jedoch ein wesentlicher Unterschied. Während die Kraft eines Gesetzes eine Naturkraft ist, ist die Willenskraft eine menschliche. Die Schwerkraft bedarf keines elektrischen Anschlusses und elektrischer Energie, um Gegenstände nach unten ziehen zu können; sie wirkt ihrer Natur gemäß von selbst. Wenn wir eine Lampe anzünden, wird die Wärme natürlicherweise aufsteigen; auch dies entspricht einem Gesetz. Wenn Luft erwärmt wird, steigt sie auf und dehnt sich aus; das ist ein Gesetz. Indem sie aufsteigt und sich ausdehnt, läßt sie eine Kraft sichtbar werden, aber diese Kraft ist eine Naturkraft. Die Willenskraft hingegen ist menschlichen Ursprungs. Nur was lebt hat einen Willen. Weder ein Stuhl noch ein Tisch hat einen eigenen Willen. Gott hat einen Willen. Der Mensch hat einen Willen. Nur lebendige Wesen haben einen Willen. Obschon auch der Wille des Menschen eine gewisse Kraft besitzt, ist diese doch eine veränderliche, menschliche Kraft. Sie steht damit in direktem Gegensatz zur Kraft eines Gesetzes, die eine Naturkraft ist.

Die Frage, die sich uns nun stellt, ist die: wenn der Wille und das Gesetz widereinander steiten, wer wird dann als Sieger hervorgehen? Gewöhnlich schwingt der Wille anfänglich obenaus, aber am Ende siegt doch wieder das Gesetz. Zuerst siegt der Mensch, aber schließlich geht doch das Gesetz als Sieger hervor. Ein Beispiel: Ich halte eine Bibel, die ungefähr ein halbes Pfund wiegt. Nun beginnt die Erdanziehungskraft auf dieses Buch zu wirken und versucht ihr Bestes, die Bibel auf den Boden herabzuziehen. So wirkt das Gesetz. Als Mensch habe ich aber einen Willen. Meine Hand hält die Bibel und ich will es nicht zulassen, daß sie hinunterfällt. Es gelingt mir, sie weiterhin hochzuhalten; ich habe gesiegt. Mein Wille ist stärker als das Gesetz.

Nun gut, jetzt, abends 17 Minuten nach 8 Uhr, bin ich Sieger. Aber wartet einmal bis 17 Minunten nach 9 Uhr, da werde ich dann sicher zu seufzen anfangen, weil meine Hand mir nicht mehr gehorchen will. Und bis morgen früh um 17 Minuten nach 8 Uhr müßte ich wohl einen Arzt rufen und mich behandeln lassen! Ein Gesetz wird nie müde, meine Hand aber wird es nur zu bald. Menschliche Kraft vermag Naturgesetze nicht zu überwinden. Das Gesetz der Schwerkraft fährt fort zu ziehen; es zieht ohne wollen oder daran denken zu müssen. Ich will die Bibel nicht fallenlassen und versuche sie mit aller Kraft festzuhalten. Dennoch wird der Moment kommen, da ich sie nicht mehr zu halten vermag. Sobald ich es aber aufgebe, sie hochzuhalten, wird die Bibel zu Boden fallen. Das Gesetz wirkt vierundzwanzig Stunden im Tag, ich aber vermag dies nicht.

Der Wille des Menschen wird schließlich unterliegen und das Gesetz den Sieg davontragen. Auch unter Einsatz seines ganzen Willens gelingt es dem Menschen doch nicht, das Naturgesetz zu bezwingen. Der menschliche Wille mag sich mit aller Entschiedenheit dem Naturgesetz widersetzen und es mag anfänglich auch so scheinen als trüge er den Sieg davon, aber am Ende wird er doch dem Gesetz gegenüber klein beigeben müssen. Achten wir das Gesetz der Erdanziehungskraft nicht gering. Wir kämpfen täglich dagegen an. Auch alle, die schon in den Gräbern sind, müßten, wenn sie sprechen könnten, zugeben, daß sie nicht so stark sind wie das Gesetz. Ihr mögt während Jahrzehnten der Schwerkraft überlegen scheinen. Ihr laßt die ungeheure Kraft der Erdanziehung fast außer acht; ihr lebt als gäbe es keinen Tod. Ihr betätigt euch vom Morgen bis zum Abend. Doch der Tag wird kommen, da das Gesetz der Sünde und des Todes auch euch hinabziehen wird. In dem Augenblick kommt all eure Betriebsamkeit zu einem Ende. Ihr könnt nichts dagegen tun; das Gesetz hat gesiegt. Könnt ihr euch jemanden vorstellen, der kraft seines Willens eine Bibel hochzuhalten vermöchte, so daß sie nie zu Boden fallen würde? Es ist aussichtslos. Früher oder später wird er es aufgeben müssen; das Gesetz wird als Sieger hervorgehen.

In Römer 7 geht es um den Widerstreit zwischen dem Gesetz und dem Willen. Das Thema dieses Kapitels ist recht einfach, handelt es doch einzig vom Kampf zwischen dem Willen und dem Gesetz. Zu einem früheren Zeitpunkt war es Paulus nicht bewußt, daß Sünde ein Gesetz ist. Paulus ist der erste in der Bibel, der diese Wahrheit entdeckte. Er ist auch der erste, der dafür den Ausdruck »Gesetz« braucht. Alle Welt weiß, daß die Schwerkraft ein Gesetz ist und daß auch die Wärmeausdehnung ein Gesetz ist, aber daß auch die Sünde ein Gesetz ist, wissen sie nicht. Anfänglich wußte dies Paulus auch nicht; erst nach wiederholtem Sündigen entdeckte er, daß in seinem Leib eine Kraft vorhanden war, die ihn zur Sünde hinzog. Er sündigte nicht willentlich, aber die Kraft in seinem Leibe zog ihn zur Sünde hin.

Sündigen ist mehr als nur ein geschichtliches Vorkommnis; es ist ein Gesetz. Wenn uns Versuchung ankommt, versuchen wir zu widerstehen, aber bald darauf werden wir schwach; dies ist die Geschichte unserer Niederlagen. Immer wieder begegnet uns Versuchung, und immer wieder bemühen wir uns zu widerstehen und werden dann doch schwach. So geschieht es zehnmal, hundertmal und zum millionstenmal. Es ist immer die gleiche Geschichte: Versuchung kommt, wir widerstehen; doch ehe wir uns dessen versehen, sind wir bereits wieder die Unterlegenen. Da dies immer wieder vorkommt, geht uns langsam ein Licht auf, daß dies nicht nur so eine Erfahrungstatsache sein kann. Es ist zum Gesetz geworden. Sündigen ist ein Gesetz. Wenn einer nur einmal sündigen würde, dann könnte er dies als ein geschichtliches Vorkommnis betrachten; wir können jedoch nicht sagen, Sündigen sei geschichtlich, da es nicht auf einen Einzelfall beschränkt geblieben ist. Es ist zum Gesetz geworden.

Versuchung kommt, und schon bin ich besiegt. Ich sehe keine Möglichkeit, sie zu überwinden. Jedesmal, wenn sie lockt, werde ich wieder schwach. Das bringt mich zur Einsicht, daß es sich bei meinem Unterliegen um mehr handelt als nur gerade um ein Unterliegen; es ist das Gesetz der Niederlage, das in mir ist. Die Niederlage ist mir ein Gesetz geworden. Brüder, seid ihr auch zu dieser Einsicht gelangt? Paulus sah es ein. In Vers 21 teilt er uns seine große Entdeckung mit – eine Offenbarung seiner selbst. Er sagt: »Ich finde also das Gesetz vor . . .« Es ist das erste Mal, daß ihm dies so bewußt wird. Er nimmt ein Gesetz wahr. Welches? ». . . wonach mir, der ich das Gute tun will, das Böse anhängt.« Wenn immer er das Gute tun will, stellt er fest, daß das Böse in ihm vorhanden ist.

Dies ist das Gesetz. Sobald ich das Gute tun möchte, hängt mir das Böse an. Die Sünde folgt dem Gutes-tun-Wollen dicht auf den Fuß. Und das nicht nur einmal und nicht nur tausendmal, es ist immer so. Daran erkenne ich nun, daß es ein Gesetz ist.

Eine wichtige Entdeckung

Es ist nicht so, daß ich nur zufällig oder gelegentlich sündige, oder daß ich manchmal sündige und manchmal nicht; sündigen ist mir ein Gesetz, denn ich sündige fortwährend. Da dies dauernd vorkommt, erkenne und weiß ich, daß es ein Gesetz ist. Wenn immer ich das Gute tun will, hängt mir das Böse an. Als Paulus dafür die Augen geöffnet wurden, wurde ihm bewußt, weshalb all seine eigenen Anstrengungen umsonst waren. Was hatte er versucht? Er hatte versucht das Gute zu tun. Er hatte geglaubt, sein Wille könnte die Sünde überwinden und wußte nicht, daß es keinem Willen je gelingen wird, ein Gesetz zu überwinden. Sobald er aber erkannt hatte, daß Sünde ein Gesetz und nicht nur eine Verhaltensweise ist, gestand er sich ein, wie sinnlos all sein Wollen war. Der Wille vermochte das Gesetz unmöglich zu besiegen. Das war in der Tat eine erstaunliche Entdeckung, eine überaus bedeutungsvolle Offenbarung.

Wenn jemand durch Gottes Gnade zur Erkenntnis gelangt, daß Sünde ein Gesetz ist, dann ist ihm auch augenblicklich klar, wie verfehlt sich jede Methode erweisen muß, die die Sünde durch den Willen zu bezwingen sucht. Solange einer dies nicht erkannt hat, faßt er immer wieder neue Vorsätze. Jedesmal wenn er versucht wird, beißt er die Zähne zusammen und will unbedingt obsiegen, aber am Ende ist er doch wieder der Unterlegene. Zum zweitenmal versucht, vermutet er den ersten Entschluß nicht fest genug gefaßt zu haben, und so nimmt er sich noch entschlossener vor, diesmal auf keinen Fall wieder zu sündigen. Aber glaubt mir, wie fest auch sein Entschluß sein mag, er wird immer wieder unterliegen. Er selbst mag aber gleichwohl den Schluß ziehen, sein Vorsatz sei noch nicht ernsthaft genug gewesen, und so faßt er, aufs neue versucht, einmal mehr vor Gott den Entschluß zu widerstehen und bittet den Herrn, er möge ihm beistehen. Da er aber von seinem Vorsatz selbst nicht mehr so richtig überzeugt ist, betet er: »O Herr, sei mir doch bitte gnädig. Hilf mir, daß ich diesmal nicht wieder sündige.« Doch nachdem er sich von den Knien erhoben hat, versagt er aufs neue. Er wundert sich, weshalb es ihm mit all seinen Vorsätzen nicht gelingt, die Sünde zu überwinden. Die Antwort darauf lautet: weil keine noch so große Anstrengung je ein Gesetz zu bezwingen vermag.

Ich mag in meiner Hand hier viel Kraft haben; sie mag imstande sein, ein Gewicht von fünfzig Pfund zu heben. Nun habe ich hier eine Taschenuhr, die nur 140 Gramm wiegt. Es sollte nun für eine Hand, die imstande ist fünfzig Pfund zu heben, nicht schwierig sein, diese Uhr von 140 Gramm hochzuhalten. Doch da ist auch ein Gesetz, das mit seiner Kraft meine Hand anziehen will. Es wirkt Sekunde um Sekunde, Minute um Minute und Stunde um Stunde. Es zieht und zieht unaufhörlich, bis ich diese 140 Gramm schwere Uhr nicht mehr hochzuhalten vermag. Das Mühsame beim Tragen einer Last ist, daß sie um so schwerer zu werden scheint, je länger man sie trägt – nicht weil die Last an Gewicht zugenommen hätte, aber weil das Gesetz den Träger zu überwältigen beginnt. Das Gesetz ist stärker als der Mensch. Die Natur gewinnt die Oberhand. Diese Kraft wirkt so ununterbrochen, daß sie euch kraftlos macht.

Ein anderes Beispiel ist das Wütendwerden. Dies ist eine weitverbreitete und leicht zu erkennende Sünde. Mit dieser Sünde haben sich alle schon wiederholt Schuld aufgeladen. Sobald ihr nur ein paar unangenehme Worte zu hören bekommt, werdet ihr verdrießlich und beginnt es in euch zu wallen. Wenn dann diese Person weiterfährt, unangenehme Dinge zu sagen, beginnt ihr vielleicht mit gleicher Münze zurückzuzahlen. Sollte sie dann aber mit ihrem unfreundlichen Gerede immer noch fortfahren, dann regt euch dies derart auf, daß ihr sie zu schelten beginnt und auf den Tisch schlagt. Ihr seid wütend geworden. Hernach ärgert ihr euch darüber, da ihr ja als Christen nicht in Wut geraten solltet. So nehmt ihr euch vor, euch das nächste Mal nicht aufregen zu wollen. Ihr seid völlig überzeugt, daß es nicht wieder geschehen wird. Nachdem ihr dann noch gebetet habt, glaubt ihr, daß es auch vergeben ist. Euer Herz ist voller Freude in der Annahme, ihr würdet nun nicht mehr wütend werden. Bald darauf vernehmt ihr aber von andern wiederum solch aufreizende Worte. Und schon ist es euch wieder recht unbehaglich zumute. Zu alledem sagen sie das Gleiche zum zweitenmal, und nun beginnt es in euerm Innern, wie von einer Maschine angetrieben, wieder zu wühlen. Beim drittenmal platzt euch der Kragen aufs neue. Ihr seid euch natürlich alsbald eures Versagens bewußt. Wie kann ein Christ wütend werden! Ihr bittet den Herrn erneut um Vergebung dieser Sünde und versprecht, künftig nicht mehr wütend werden zu wollen. Aber nach einiger Zeit macht ihr doch immer wieder die gleiche, betrübliche Erfahrung. Was ist dies folglich? Es ist nicht einfach ein Sündigen; es ist das Gesetz der Sünde.

Sündigen ist keine Zufallserscheinung; es ist ein Gesetz. Wenn ein Mensch einen andern umbringt, dann ist dies Sünde. Wenn er aber täglich jemanden tötet, dann ist es das Gesetz des Tötens. Wenn jemand täglich zornig wird, dann ist ihm seine üble Laune zum Gesetz geworden. Es geschieht nicht von ungefähr, wenn Menschen sündigen; sie sündigen auch nicht nur ein einzelnes Mal. Sie sündigen zeitlebens unzählige Male. Die Lügner in der Welt fahren fort zu lügen; die Schamlosen leben weiterhin schamlos; die Ehebrecher begehen auch fernerhin Ehebruch; die Diebe fahren fort zu stehlen; die leicht Erregbaren werden immer wieder wütend. Es gibt im Menschen ein Gesetz das unüberwindlich ist.

Es ist für jeden eine höchst bedeutsame Entdeckung, wenn ihm der Herr in seiner Gnade die Augen öffnet und ihm klar wird, daß die Sünde tatsächlich ein Gesetz ist. Wenn ihr dies erkannt habt, ist der Sieg nicht mehr fern. Falls für euch jedoch Sünde lediglich eine Verhaltensfrage ist, werdet ihr ohne Zweifel versuchen mehr zu beten und entschiedener zu widerstehen, um das nächste Mal obsiegen zu können. Aber das ist alles aussichtslos. Während nämlich die Macht der Sünde immer die gleiche, große Kraft beibehält, ist die unsere schwach und unstet. Während die Macht der Sünde immer den Sieg davonträgt, muß sich unsere Kraft immer wieder geschlagen geben. Die Macht der Sünde ist siegreich, und unsere Kraft unterliegt. Der Sieg der Sünde ist ein Gesetz, wie auch unsere Niederlage ein Gesetz ist. Wenn ich das Gute tun will, hängt mir das Böse an. Paulus hatte erkannt, daß dies ein Gesetz und daher für ihn unüberwindlich ist.

Ich hoffe, daß ihr euch nun über die Natur der Sünde im klaren seid. Wenn ihr sie als Gesetz seht, wird euch künftig viel Mühsal und Leid erspart bleiben. Wenn ihr bereit seid, auf Gottes Wort einzugehen, werdet ihr erkennen, daß die Sünde ein Gesetz ist und daher für euern Willen unüberwindbar bleibt. Dann aber werdet ihr auch den wahren Weg zum Sieg erkennen können. Entdecken zu dürfen, daß dies ein Gesetz ist, ist eine große Gnade. Es mag viele Niederlagen kosten, vielleicht Hunderte oder Tausende von Niederlagen, bis ihr für euch selbst dieses Gesetz der Niederlage entdeckt. Ihr müßt eine so völlige Niederlage erleiden, daß ihr eines Tages erkennen müßt, daß ihr die Sünde mit euerm Willen niemals zu bezwingen vermögt. Früher oder später wird sich die Sünde so erheben, bis euch klar wird, daß sie ein Gesetz ist, was wollt ihr dagegen unternehmen? Glaubt mir, alle, die auf ihre eigene Willenskraft vertrauen, werden dahin kommen, wo auch sie zugeben müssen, daß sie in dieser Angelegenheit machtlos sind. Sünde ist ein Gesetz, was wollt ihr gegen sie tun? Ihr vermögt ihr unmöglich zu widerstehen; die Kraft eures Willens reicht nie aus, die Macht eines Gesetzes zu überwinden.

Der Weg zum Sieg

Wie wir wissen, wird der Mensch auch bei Aufwendung all seines Willens doch nicht frei werden. Solange er sich noch seiner Willenskraft bedient, ist er nicht bereit, sich Gottes Erlösungsweg anzuvertrauen. Er wird warten müssen, bis er sich endlich vor Gott demütigt und bekennt, daß er rettungslos verloren ist. Dann wird er beten: »Herr, ich will es gar nicht erst wieder versuchen.« So oft einer keinen Weg sieht, aber dennoch einen Weg zu finden glaubt, verläßt er sich noch immer darauf, daß sein Wille es doch noch schaffen werde. Erst wenn er seine Ausweglosigkeit erkennt und auch nicht mehr nach einem Weg Ausschau hält, hört er auch auf, den Beistand seines Willens zu suchen. Dann beginnt er zu sehen, wie er wahrhaft frei werden kann. Dann wird er Römer 8 lesen.

Brüder und Schwestern, achtet Römer 7 nicht gering. Viele Gläubige sind unfähig, aus dem, in diesem Kapitel beschriebenen, Zustand herauszukommen. Keine andere Stelle der Bibel trifft auf mehr Christen zu als Römer 7. Viele Christen bleiben bei Römer 7 stehen! Hier sind sie zu finden, denn hier halten sie sich auf. Es ist vergeblich, über Römer 8 allein zu predigen. Es geht nicht darum, ob ihr wißt, was Römer 8 lehrt, sondern darum, ob Römer 7 hinter euch liegt. Viele predigen über Römer 8 und stecken selbst immer noch tief in Römer 7. Sie versuchen immer noch durch ihre Willenskraft mit dem Gesetz fertigzuwerden. Sie erleiden Niederlage auf Niederlage. Weil sie nicht erkennen, daß die Sünde ein Gesetz ist und daß der Wille das Gesetz nicht zu überwinden vermag, bleiben sie die Gefangenen von Römer 7 und vermögen an Römer 8 nicht teilzuhaben.

Neubekehrte sollten darauf eingehen, was Gottes Wort sagt. Wenn ihr warten und selbst dahinterkommen müßtet, würden euch bis dahin wohl viele Sünden unterlaufen. Selbst nach wiederholtem Sündigen mögen euch die Augen immer noch nicht aufgegangen sein. Ihr werdet an den Punkt kommen müssen, da ihr erkennt, daß all euer Kämpfen umsonst ist. Paulus sagt uns in Römer 7, daß es sinnlos ist zu kämpfen, denn wer vermag ein Gesetz zu überwinden? Er sagt daher gleich am Anfang von Römer 8: »So gibt es nun keine Verdammnis mehr für die, welche in Christus Jesus sind. Denn das Gesetz des Geistes des Lebens in Christus Jesus hat mich freigemacht von dem Gesetz der Sünde und des Todes« (V. 1–2). Ihr habt erkannt, daß Sünde ein Gesetz unmöglich zu überwinden vermag. Welches ist nun aber der Weg zum Sieg, der Weg um frei zu werden?

Der Weg zum Sieg liegt hierin: »So gibt es nun *keine Verdammnis* mehr für die, welche in Christus Jesus sind.« Das Wort »Verdammnis« des griechischen Originaltextes kennt zwei verschiedene Anwendungsbereiche, einen gesetzlichen und einen persönlichen. Im gesetzlichen Bereich bedeutet es Verurteilung oder Verdammnis, wie es auch meist übersetzt wird. Persönlich angewendet bedeutet es »Unvermögen« oder »Behinderung.« Im Zusammenhang mit diesem Schriftabschnitt ist die persönliche Bedeutung wahrscheinlich die sinngemäßere.

Wir sind demnach nicht länger unvermögend. Warum? Weil der Herr Jesus Christus uns frei gemacht hat. Es ist etwas, das der Herr getan hat. Und wie tut er das nun? Ganz einfach, Vers zwei sagt es uns klar: »Denn das Gesetz des Geistes des Lebens in Christus Jesus hat mich frei gemacht von dem Gesetz der Sünde und des Todes.« Dies ist der Weg zum Sieg. Kann man Römer 8, 2 nicht auch ändern und so lesen: »Der Geist des Lebens in Christus Jesus hat mich frei gemacht von dem Gesetz der Sünde und des Todes«? Ich vermute, von zehn Christen würden alle den Vers lieber so lesen. Aber was steht da? Es heißt: »Das *Gesetz* des Geistes des Lebens in Christus Jesus hat mich freigemacht von dem *Gesetz* der Sünde und des Todes.« Viele haben den Geist des Lebens allein als den gesehen, der sie von der Sünde und vom Tod befreit, haben aber nicht darauf geachtet, daß es das *Gesetz* des Geistes des Lebens ist, das sie von dem Gesetz der Sünde und des Todes freimacht.

Um die Lektion, daß Sünde und Tod ein Gesetz sind, zu lernen, können Jahre nötig sein. Aber so wie es sehr viel Zeit und viele Vorsätze und Niederlagen braucht, um zu erkennen, daß Sünde ein Gesetz ist, so können bei vielen Gläubigen wiederum Jahre verstreichen, bis sie erkennen, daß der Geist des Lebens ebenfalls ein Gesetz ist. Die Sünde mag uns schon Jahre begleitet und schwer angehangen haben, und doch erkennen wir immer noch nicht, daß sie ein Gesetz ist. Desgleichen können wir schon viele, viele Jahre an den Herrn geglaubt und den Heiligen Geist in unserem Leben erfahren, ihn aber gleichwohl nicht als ein Gesetz gekannt haben.

Es ist der Tag einer großen Entdeckung, wenn uns der Herr die Augen dafür öffnet, daß die Sünde ein Gesetz ist. Es ist jedoch der Tag einer noch größeren Entdeckung, wenn uns die Offenbarung zuteil wird, daß der Heilige Geist ebenfalls ein Gesetz ist. Nur ein Gesetz ist imstande ein anderes Gesetz zu überwinden. Der Wille vermag sich gegen ein Gesetz nicht durchzusetzen, ein höheres Gesetz hingegen vermag ein niedrigeres Gesetz außer Kraft zu setzen. Mit unserem menschlichen Willen werden wir das Gesetz der Sünde nie bezwingen, denn allein das Gesetz des Geistes des Lebens vermag uns von dem Gesetz der Sünde und des Todes freizumachen.

Wie wir wissen, werden wir durch die Schwerkraft, die ein Gesetz ist, auf der Erde festgehalten. Wir wissen aber auch um eine physikalische Größe, die man spezifisches Gewicht oder Dichte nennt. Wenn das spezifische Gewicht eines Stoffes sehr niedrig ist, so wie im Falle des Wasserstoffes, dann vermag die Erdanziehungskraft diesen Stoff nicht niederzuhalten. Wenn wir Wasserstoff in einen Ballon pumpen, bringen wir damit den Ballon zum Aufsteigen. Das Gesetz der Erdanziehungskraft ist ein unbestrittenes Gesetz, aber es ist nur in einem bestimmten Bereich oder Grad der Dichte wirksam. Wenn das spezifische Gewicht zu niedrig ist, tritt das Gesetz der Schwerkraft außer Kraft. Dann wird ein anderes Gesetz wirksam, eben das Gesetz des Auftriebes, das die Dinge in die Höhe treibt. Diese Steigkraft bedarf weder einer Hand, die stößt, noch eines Ventilators, der aufwärts treibt. Ihr braucht nur loszulassen, und schon steigt es auf. Dies Gesetz überwindet das andere Gesetz. Es wirkt ebenso natürlich und ohne Anstrengung unsererseits. In gleicher Weise überwindet das Gesetz des Heiligen Geistes das Gesetz der Sünde.

Laßt es uns noch anders sagen. Die Sünde als ein Gesetz zu erkennen ist eine große Sache, denn es bringt euch dazu, vom Kampf abzusehen, mit eurer Willenskraft gegen die Sünde angehen zu wollen. Ebenso ist das Erfassen des Gesetzes des Heiligen Geistes ein weiterer, großer Wendepunkt in euerm Leben. Viele scheinen zu verstehen, daß der Geist des Lebens ihnen Leben verleiht, aber sie haben noch zu lernen, daß der Heilige Geist in ihnen, das heißt, das Leben das ihnen Gott durch Jesus Christus gegeben hat, ebenfalls ein Gesetz ist. Wenn ihr dieses Gesetz wirken laßt, wird es euch natürlicherweise von dem Gesetz der Sünde und des Todes erlösen. Wenn dies Gesetz euch vom andern Gesetz erlöst, bedarf es dazu folglich nicht der geringsten Kraftanstrengung eurerseits. Ihr braucht dazu weder Vorsätze zu fassen noch Zeit aufzuwenden, ja nicht einmal besonders am Heiligen Geist festzuhalten.

Darf ich fragen, muß sich irgend jemand an der Erdanziehungskraft festhalten? Muß einer beten, damit diese Kraft doch irgendwelchen Gegenstand baldigst herabziehen möge? Nein, da besteht keine Notwendigkeit zu beten, zieht doch die Erde alles ganz von selbst an. Es ist ein Gesetz. Alles, was einer zu tun hat, ist die Hand zurückzuziehen und nicht vorsätzlich an Dingen festzuhalten. Wo der Wille nicht am Werk ist, wird das Gesetz offenkundig. Wenn der Wille sich nicht einmischt, ist das Gesetz wirksam. So bedarf auch der Geist des Herrn in uns keineswegs unserer Hilfe. Wenn ihr befürchtet, daß der Geist des Herrn in euch seiner Pflicht nicht nachkommen könnte, wenn ihr in Versuchung kommt und euch daher eilends aufmacht, um ihm zu helfen, dann beweist dies, daß ihr noch nicht erfaßt habt, daß der Geist des Herrn in euch ein Gesetz ist.

Möchten doch auch gerade die Neubekehrten einsehen, daß der Heilige Geist in ihnen ein selbsttätiges Gesetz ist. Wenn irgend jemand von der Sünde freizuwerden trachtet, dann kann er diese Befreiung einzig auf diese natürliche Weise erlangen. Versucht er jedoch unter Einsatz seiner Willenskraft freizuwerden, wird die nächste Niederlage nicht lange ausbleiben. Nun sind aber die, welche in Christus Jesus sind, nicht länger unvermögend, denn das Gesetz des Geistes des Lebens in Christus Jesus hat sie freigemacht von dem Gesetz der Sünde und des Todes. Es ist alles so einfach und natürlich. Es ist uns ein anderes Gesetz gegeben worden, das uns natürlicherweise vom Gesetz der Sünde und des Todes erlöst.

Nun mag jemand fragen, wie dies geschieht. Ich weiß es auch nicht. Aber habt ihr nicht auch schon Erfahrungen folgenderart gemacht? Da kommt zum Beispiel jemand zu euch, schimpft und sucht Streit mit euch und schlägt sogar auf euch ein. Er handelt völlig grundlos in allem, was er euch antut. Eigentlich müßtet ihr über ihn sehr aufgebracht sein, aber irgendwie und ohne zu wissen warum, laßt ihr alles über euch ergehen. Nachher beginnt ihr euch darüber zu wundern, wie das kam, daß ihr vergessen hattet zornig zu werden, als ihr gescholten wurdet. Nachdem man euch so viel angetan hatte, hättet ihr doch in Wut geraten müssen. Wenn ihr euch immer wieder ins Gedächtnis zurückruft, was er euch angetan hat, dann müßtet ihr doch darob ohne Zweifel auch nachträglich noch zornig werden. Doch, zu eurer eigenen Verwunderung, laßt ihr ganz unbewußt alles vorbeigehen. Aber glaubt es mir, wahre Siege werden alle unbewußt gewonnen.

Warum überwindet ihr, ohne euch dessen bewußt zu sein? Weil ein Gesetz wirksam ist. Wenn es eine Sache eures Willens wäre, dann müßtet ihr denken und bewußt durchhalten. Der Herr aber gibt uns den Sieg ohne daß wir darum wissen. Solche Siege sind wahre Siege. Wenn ihr dies auch nur ein einziges Mal erfahren habt, dann werdet ihr die Offenbarung verstehen, daß der in euch wohnende Heilige Geist euch vor Sünde zu bewahren vermag. Er kann euch ohne die Hilfe eurer Willenskraft siegreich machen. Ihr braucht keine Vorsätze zu fassen, denn das Gesetz in euch wird euch von der Sünde freimachen. Wenn ihr wirklich vor Gott erkennt, daß, weil ihr in Christus seid, das Gesetz des Geistes des Lebens auch in euch ist, dann werdet ihr erfahren, daß der Herr seinen Geist in euch gab, um euch ganz natürlicherweise zum Sieg zu führen. Ihr braucht nicht selbst zu wollen oder selbst danach zu streben; der Sieg ist für euch fast überraschend einfach euer.

Um die Sünde zu überwinden, bedarf es nicht der geringsten Willensanstrengung, da dies das Werk des Gesetzes ist. Es ist ein Gesetz, das mich ohne meine Anstrengung sündigen macht, und es gibt ein Gesetz, das mich genauso ohne Mühe von der Sünde freimacht. Nur Sieg zu dem es keiner Anstrengung bedurfte ist wahrer Sieg. Ich habe nichts zu tun. Glaubt es mir, wir haben nichts zu tun als unsere Häupter zu erheben und dem Herrn zu sagen: »Nicht das Geringste davon ist von mir.« Was zuvor geschah, war einem Gesetz zuzuschreiben; was nun geschieht, ist ebenfalls einem Gesetz zuzuschreiben. Das frühere Gesetz hat ein gründliches Werk getan, denn es zwang mich fortwährend zu sündigen; dieses neue Gesetz tut aber ein noch weit besseres Werk, weil mich nun die Sünde nicht länger zu behindern vermag. Das Gesetz des Geistes des Lebens hat sich unverkennbar kundgetan und hat sich dem Gesetz der Sünde und des Todes weit überlegen erwiesen.

Wenn Neubekehrte dazu gebracht werden können, dies einzusehen, und dies vom ersten Tag ihres Christenlebens an, dann werden sie auf dem Weg der Erlösung vorankommen. Die Bibel kennt den Ausdruck »die Sünde überwinden« nicht; sie braucht nur Worte wie »freigemacht« oder »erlöst von der Sünde«. So heißt es hier im Römerbrief: »Denn das Gesetz des Geistes des Lebens in Christus Jesus hat mich freigemacht von dem Gesetz der Sünde und des Todes.« Das Gesetz des Geistes des Lebens hat mich dem Bereich des Gesetzes der Sünde und des Todes entzogen. Das Gesetz der Sünde und des Todes ist immer noch gegenwärtig, aber ich bin nicht mehr dafür zu haben, daß es weiterhin in mir wirken könnte. Die Anziehungskraft der Erde ist noch da, aber wenn etwas in den Himmel versetzt ist, ist es für sie zwecklos, noch darauf einwirken zu wollen.

Das Gesetz des Geistes des Lebens ist in Christus und ich bin ebenfalls in Christus; daher bin ich durch dieses Gesetz freigemacht von dem Gesetz der Sünde und des Todes. »So gibt es nun kein Unvermögen mehr für die, welche in Christus Jesus sind.« Der Mensch in Römer 7 trägt die Aufschrift »unvermögend«. Aber dieser unvermögende Mensch, der so schwach ist und immer wieder sündigt, ist nun, wie Paulus in Römer 8 sagt, in Christus nicht mehr unvermögend. Wie ist dies möglich geworden? Durch das Gesetz des Geistes des Lebens in Christus Jesus, das ihn freigemacht hat von dem Gesetz der Sünde und des Todes. Daher gibt es nun für ihn kein Unvermögen mehr. Seht ihr nun, wie vollkommen dies Problem der Befreiung gelöst ist?

Der Weg der Befreiung und der Freiheit

Je früher ein Neubekehrter den Weg der Befreiung kennt, um so besser ist es für ihn. Es besteht kein Grund zur Annahme, mehrere Jahre warten zu müssen, ehe man Befreiung und Freiheit erleben kann. Er kann da innerhalb weniger Monate, durch mancherlei Erfahrungen, schon viel lernen. Er muß nicht erst viele Wunden erleiden, um dies endlich zu lernen. Ein Christ hat die Möglichkeit, Niederlagen zu vermeiden. Wenn euch eine Schwierigkeit begegnet, dann versucht nicht mit eurer Willenskraft dagegen anzukämpfen. Wenn ihr eine Niederlage erlitten habt, dann gebt es nicht auf. Lernt den Weg der Befreiung Schritt für Schritt. Der erste Schritt besteht darin, zu erkennen, daß die Sünde für euch ein Gesetz ist; der zweite darin, einzusehen, daß der Wille dieses Gesetz nicht zu überwinden vermag; und der dritte, zu erkennen, daß es ein anderes Gesetz gibt, das dem Gesetz der Sünde überlegen ist und es überwindet. Mit der aus der praktischen Erfahrung dieser drei Schritte gewonnenen Erkenntnis, ist das Problem vollkommen gelöst.

Möchten doch alle Christen in das Loblied des Sieges einstimmen können. Wie viele Meilen werden aber noch unnötig durchwandert; wie viele Tränen noch vergossen, weil Niederlagen erlitten wurden. Wenn Gläubige diesen Weg der Befreiung und der Freiheit gleich zu Anfang ihres Christenlebens kennenlernen, bleiben ihnen viel Leid und Tränen erspart. Worin besteht der Weg der Befreiung? Er besteht darin, daß das Gesetz des Geistes des Lebens mich freigemacht hat. Es ist ein vollkommenes und machtvolles Gesetz. Dies Gesetz vermag mich ganz freizumachen. Es braucht meine Hilfe nicht. So wie das Gesetz der Sünde alle in der Welt zum Sündigen veranlaßt, so führt uns nun dies Gesetz des Geistes des Lebens in uns, von selbst zum völligen Sieg über die Sünde. Es macht uns von selbst heilig, voller Leben und voll seiner Kraft.

Ihr habt das Leben ja bereits empfangen. Denkt doch nie, der Heilige Geist mache das Leben manchmal offenbar und manchmal nicht. Wenn dies bei euch der Fall sein sollte, dann habt ihr nur den Heiligen Geist noch nicht als ein Gesetz erkannt. Da er ein Gesetz ist, ist er immer derselbe. Und er ist derselbe, wo immer, was immer und wann immer es auch sein mag. Er ist nicht derselbe weil ihr ihn so macht, sondern weil er so ist. Glaubt ihr nun, daß er ein Gesetz ist? Ich weiß nicht, wie ich euch dazu bringen kann, dies zu glauben. Wenn ihr dies noch nicht erkannt habt, werdet ihr nicht glauben, was wir sagten. Möge Gott euch die Augen öffnen, daß auch ihr dies erkennen könnt. Wir haben nicht nur den Heiligen Geist und nicht nur Leben in uns, sondern auch ein Gesetz. Auf diese nun beschriebene Weise werden wir frei.

Wenn uns für dies Gesetz die Augen geöffnet worden sind, ist unser Problem gelöst. Es ist nicht genug, den innewohnenden Heiligen Geist erkannt zu haben; wir müssen ihn auch noch als ein Gesetz in uns erkennen. Dann werden wir zu lobpreisen anfangen. Hernach werden wir ein über allem Irdischen erhabenes Leben leben. Wie herrlich und wunderbar ist das doch!

Lektion 27

Unser Leben

Christus, unser Leben . . . (Kol. 3, 4).

Denn für mich ist Christus das Leben . . . (Phil. 1, 21).

Ich bin mit Christus gekreuzigt. Und nicht mehr lebe ich, sondern Christus lebt in mir; was ich aber jetzt im Fleische lebe, das lebe ich im Glauben an den Sohn Gottes, der mich geliebt und sich selbst für mich hingegeben hat (Gal. 2, 19–20).

Die Verbindung zwischen Christus und uns

Was ist mit dieser Verbindung des Menschen mit Christus gemeint? Es bedeutet nicht, wie sich viele vorzustellen scheinen, daß wir versuchen sollten, in den Fußstapfen unseres Herrn zu wandeln, ihn nachzuahmen, ihm nachzufolgen und es möglichst ihm gleichzutun. Gewiß, die Bibel fordert uns tatsächlich auch auf, dem Beispiel des Herrn zu folgen, aber dies ist nicht die einzige Aufforderung der Bibel. Bevor wir seinem Beispiel folgen können, müssen wir zuerst noch etwas anderes haben. Das Gebot, dem Herrn nachzufolgen, ist nicht ein einzelnes, für sich unabhängiges Gebot. Der Versuch, ihm nachfolgen zu wollen, endet allzuoft mit einem Mißerfolg. Der Herr ist nicht einem Schreibheft vergleichbar. Solltet ihr es trotzdem versuchen, ihm abzuschreiben, werdet ihr bald einmal feststellen, wie armselig ihr schreibt! Es ist eine feststehende Tatsache, daß die Kraft von Fleisch und Blut völlig außerstande ist, so zu leben, wie der Herr lebte.

Vielleicht werden nun einige sagen, ob denn nicht auch in der Bibel geschrieben stehe »Ich vermag alles durch den, der mich stark macht« (Phil. 4, 13)? Viele Christen erkennen klar, daß sie keine Kraft haben, daher bitten sie den Herrn, er möge sie ihnen schenken. Für das, was sie tun sollten – Gebote der Bibel, die sie halten sollten, Beispiele, die der Herr gegeben hat und denen sie nachfolgen sollten – dafür fehlt ihnen ganz einfach die Kraft. Um aber all dies tun zu können, bitten sie den Herrn, er möge ihnen Kraft verleihen. So warten sie täglich darauf, daß der Herr ihnen Kraft schenke und sie tüchtig mache.

Natürlich ist es gut, vom Herrn gestärkt zu werden; aber neben dieser Stärkung tut uns noch etwas anderes not. Ohne dieses gewisse Etwas wird uns die Kraft, der wir bedürfen, nicht zuteil werden, wie sehr wir auch um Kraft auf den Herrn warten mögen. Manchmal scheint unser Gebet Erhörung zu finden und manchmal nicht. Wenn der Herr uns Kraft gibt, vermögen wir alles zu tun. Wenn uns aber die Kraft nicht geschenkt ist, vermögen wir auch das erste, das zu tun wäre, nicht zu tun. So erleben wir immer wieder Niederlagen. Ja, wir sollen den Herrn um Kraft bitten, aber wir sollten dies nicht als ein losgelöstes, unabhängiges Gebot auffassen. Nebst der Kraft, die uns der Herr schenkt, gibt es noch mehr, womit uns der Herr versorgen möchte.

Junge Brüder und Schwestern im Herrn müssen sich hier vor allem über zwei Dinge völlig klar werden: bloß den Herrn nachahmen, genügt nicht, und sich lediglich auf die Kraft des Herrn zu stützen, ist ebenso unzulänglich. Achtet aber besonders auf die Worte »bloß« und »lediglich«, denn wir möchten nicht, daß jemand zu weit geht. Nur nachahmen oder sich auf Stärkung verlassen, führt, wie viele ältere Brüder und Schwestern bezeugen können, unweigerlich zu Mißerfolg und Niederlagen.

Was für eine Verbindung ist es denn nun nach der Bibel, die zwischen dem Herrn und uns bestehen sollte? Diese Verbindung besteht hauptsächlich darin, daß Christus unser Leben ist. Sobald Christus unser Leben geworden ist, sind wir fähig, ihm nachzufolgen. Nachdem er unser Leben geworden ist, mögen wir ihn bitten, uns Kraft zu verleihen. Wenn wir Christus nicht als unser Leben kennen, werden wir weder je dem Herrn richtig nacheifern können, noch seine alles vermögende Kraft empfangen. Es gilt daher vor allem das Geheimnis von Christus unserem Leben zu erfassen und zu besitzen. Diese Reihenfolge macht den ganzen Unterschied aus.

Wenn wir Christus nicht als unser Leben kennen, wenn nicht Christus das Leben ist, dann werden wir auf Erden das Leben des Herrn nicht erfahren können. Wir werden weder dem Herrn nachfolgen noch durch seine Kraft überwinden können. In Kolosser 3, 4 heißt es: »Christus, euer Leben« und in Philipper 1, 21: »Denn für mich ist Christus das Leben.« Dies ist der einzige Weg; hier liegt der Sieg.

Das Geheimnis des Christenlebens

Die Bibelstellen Kolosser 3, 4, Philipper 1, 21 und Galater 2, 20, werden von vielen schwer mißverstanden, besonders die letzten zwei. In Philipper 1, 21 sagt Paulus: »Denn für mich ist Christus das Leben.« Für ihn ist dies eine Tatsache. Demgegenüber ist unter den heutigen Gotteskindern eine recht irrtümliche Auffassung festzustellen. Sie sehen in »für mich ist Christus das Leben« ein Ziel, nach dem wir uns auszustrecken haben. Sie müssen so zu leben versuchen, daß sie womöglich ans Ziel gelangen. Es ist eine Stufe, die es zu erreichen gilt und die sie zu erreichen hoffen. Bedenken wir jedoch, Paulus sagt uns hier nicht, »für mich ist Christus das Leben« sei sein Ziel. Er sagt nichts davon, erst viele Jahre der Prüfungen und des Handelns Gottes durchlaufen zu müssen, ehe er das Ziel erreichen kann. Er sagt uns vielmehr, daß Christus der Grund ist, weshalb er lebt. Er kann ohne Christus gar nicht leben. Dies schildert uns seine momentane Lage, nicht sein Ziel. Dies ist das Geheimnis seines Lebens und nicht seine Hoffnung. Christus ist sein Leben; er lebt, weil Christus in ihm lebt.

Galater 2, 20 ist ein weiterer, unter Christen wohlbekannter Vers. Bei vielen besteht aber über diesen Vers noch größere Unklarheit als bei Philipper 1, 21. Sie verstehen diesen Vers wiederum als Ziel und anzustrebende Stufe. Wie beten und warten sie, wie sehnen sie sich, um endlich an einen Punkt zu gelangen, wo auch sie sagen können: »Und nicht mehr lebe ich, sondern Christus lebt in mir.«

Ist aber Galater 2, 20 eine Hoffnung? Ist es ein Ziel? Ist es eine Stufe, die es zu erreichen gilt? Viele machen dies aus diesem Vers. Sie hoffen eines Tages da anzulangen, wo nicht mehr sie leben, sondern Christus in ihnen lebt. Sie sehen dies als Ziel. Sie erkennen nicht, daß dies Gottes *Weg* des Sieges ist und nicht ein Ziel oder eine Stufe. Es wird mir hier nicht gesagt, was ich tun sollte, um leben zu können; es wird mir auch nicht gesagt, was ich tun kann, um zu diesem

Leben zu gelangen. Es heißt schlicht und einfach, daß Christus in mir lebt.

Galater 2, 20 ist also weder eine Stufe noch ein Ziel. Es ist nicht etwas über den Menschen hoch Erhabenes, ihm vorgesetzt, damit er seine äußerste Kraft aufwende, um es zu erreichen. Es ist ganz einfach das Geheimnis des Lebens.

1. Sieg durch ein stellvertretendes Leben

Was ist das Geheimnis des Lebens? Es bedeutet, daß der Weg des Sieges nicht ein Ziel ist, sondern ein Vorgang. Wir dürfen den Vorgang nicht mit dem Ziel verwechseln. Es ist eine wunderbare Gabe, die Gott uns geschenkt hat. Es ist ein Weg, durch den der Besiegte Sieger, der Unreine rein, der Gemeine heilig, der Irdische himmlisch und der Fleischliche geistlich werden kann. Es ist ein Weg und nicht ein Ziel. Der Weg führt über ein stellvertretendes Leben. So wie Christus für uns stellvertretend in den Tod ging, so ist er nun auch unser Stellvertreter im Leben.

Zu Beginn unseres Christenlebens erkannten wir, wie der Herr Jesus unsere Sünden ans Kreuz trug und uns durch seinen Tod vom Tod erlöste, wie uns unsere Sünden vergeben wurden, so daß wir nicht mehr unter der Verdammnis waren. Heute sagt mir Paulus, daß, weil Christus in mir lebt, ich vom Leben entbunden bin. Das bedeutet ganz einfach: da er nun in mir lebt, brauche ich nicht mehr selbst zu leben. So wie er am Kreuz für mich starb, so lebt er nun in mir an meiner Stelle. Hier liegt das Geheimnis des Sieges. Dies ist des Paulus Geheimnis. Er sagt nicht: »Ich hoffe, ich werde nicht mehr leben müssen«, oder »Ich hoffe, ich könne ihn leben lassen«. Er sagt nicht mehr als: »Nun lebe nicht mehr ich, denn ich lasse ihn leben. Nun bin nicht mehr ich es, der lebt, sondern Christus der in mir lebt.«

Laßt uns daher beharrlich beten, Gott möge uns erleuchten, damit wir erkennen, daß der Mensch nicht selbst zu leben hat, weil Christus in ihm zu leben vermag. An dem Tag, da du hörtest, daß du nicht zu sterben brauchst, war dies für dich eine richtige Freudenbotschaft. Nun ist ein anderer Tag gekommen, da du hörst, daß nicht du leben mußt. Dies ist eine genauso wahre Freudenbotschaft.

Neubekehrte haben oftmals eine Menge Probleme. Wenn ihr sie unterweist, wie sie sich ein gutes Zeugnis bewahren und ein gutes Christenleben leben sollten, daß sie die Welt nicht lieben, sondern der Versuchung widerstehen sollten, daß sie leiden, das Kreuz tragen, Gottes Willen suchen und Gott gehorchen lernen sollten, dann muß ihnen das Christenleben wirklich mühselig vorkommen. So empfinden viele, nachdem sie an den Herrn gläubig geworden sind. Sie mühen sich Tag für Tag und seufzen, während sie sich dauernd abplagen. Trotz täglichem Ringen versagen sie immer wieder. Sie versuchen ein Zeugnis für den Herrn zu sein und sind doch immer alles andere als eine Ehre für den Herrn. So sagen auch manche, sie wären des Christseins müde und überdrüssig. Christ zu sein ist ihnen zu einer schweren Last geworden.

Viele versuchen der Sünde zu widerstehen, aber ihre Kraft reicht nicht aus. Aber wenn sie nicht widerstehen, verlieren sie ihren inneren Frieden. Viele möchten Geduld üben, aber es gelingt ihnen nicht. Sobald sie sich aber aufregen, werden sie in ihren Herzen wieder unruhig. Auch zu lieben, fehlt ihren Herzen die Kraft; sobald sie aber hassen, klagen ihre Herzen sie an. Sie empfinden das Christsein tatsächlich als eine schwere Last. Es kommt ihnen vor, als müßten sie mit einer schweren Last bergwärts klettern. Viele werden euch sagen, daß sie, ehe sie an den Herrn gläubig wurden, schwer trugen unter der Last ihrer Sünde; nun aber, da sie gläubig geworden, trügen sie ebenso schwer unter der Last der Heiligkeit. Sie haben lediglich eine Last gegen eine andere eingetauscht; aber beide Lasten sind schwer und ermüden.

Wo die eben beschriebene Situation vorherrscht, läßt dies mit Sicherheit darauf schließen, daß sie falsch unterwiesen wurden. Es ist immer falsch, wenn ein Mensch den Versuch unternimmt, das Leben eines Christen zu leben. Wir werden nirgendwo dazu aufgefordert. Des Herrn Wort sagt: »Und nicht mehr lebe ich, sondern Christus lebt in mir.« Dies ist das Geheimnis des Christenlebens. Der Herr in mir lebt das Christenleben, nicht ich. Wenn ich versucht habe, wie ein Christ in Geduld, Liebe, Freundlichkeit, Demut und Leiden zu leben oder das Kreuz auf mich zu nehmen, dann war das eine recht mühsame Angelegenheit. Wenn es aber Christus ist, der in mir lebt, der Geduld und Liebe übt, der durch Leiden geht oder das Kreuz auf sich nimmt, dann stimmt es mich froh.

Wenn ihr daher Brüdern oder Schwestern begegnet, die es müde sind, zu versuchen wie ein Christ zu leben, dann solltet ihr ihnen sagen, daß es etwas viel Besseres gibt. Das wird für sie eine gewaltige Freudenbotschaft sein. Sagt ihnen, daß sie kein so beschwerliches Leben zu leben brauchten und sich weder derart anzustrengen noch eine so schwere Last zu tragen hätten. So, wie sie einmal, nachdem sie die Frohbotschaft vernommen hatten, Gott dafür dankten, daß sie nicht zu sterben brauchen, so werden sie auch jetzt Gott danken, wenn sie von ihm vernehmen, daß sie nicht zu leben brauchen. Was ist das doch für ein herrliches Erlöstsein, nach einem so ermüdenden und mühseligen Christenleben!

Sterben ist mühsam, aber vor Gott leben zu wollen, ist ebenso mühsam. Wie sollten wir, die wir nichts von Gottes Heiligkeit und Liebe, vom Heiligen Geist oder vom Kreuz verstehen, in Gottes Gegenwart leben können? Ein derart schwieriges Unterfangen muß uns zur unerträglichen Last werden. Je länger wir leben, desto tiefer seufzen wir. Und je länger wir leben, desto größer unsere Enttäuschung. Ihr müßt aber ja gar nicht länger leben; das ist die frohmachende Botschaft, die wir euch heute ausrichten dürfen. Nicht ihr müßt dieses Leben leben, Gott hat euch dem enthoben. Dies ist ohne Zweifel eine unendlich frohmachende Botschaft.

2. *Nicht ich, sondern Christus*

So, wie es eine erfreuliche Nachricht ist, daß nicht wir zu sterben brauchen, ist es auch eine erfreuliche Nachricht, daß nicht wir leben müssen. Sich zu bemühen, wie ein Christ zu leben, ist in der Tat eine mühselige, unmöglich zu bewältigende Aufgabe. Von einem ungeduldigen, launenhaften und stolzen Menschen zu verlangen, nun demütig den weiteren Weg zu gehen, wird ihn bald einmal erlahmen lassen; er wird es schon müde sein, kaum daß er den ersten Versuch unternommen hat. Kein Wunder war der Mensch in Römer 7 am Ende seiner Kraft! »Das Wollen ist zwar bei mir vorhanden, aber das Vollbringen des Guten gelingt mir nicht.« Täglich das Gute wollen und es doch täglich nicht fertigbringen – wie sehr zehrt das an unseren Kräften. Dann hört er eines Tages von der Frohbotschaft, die ihm sagt, daß der Herr gar nicht von ihm erwarte, daß er das Gute vollbringe. O welch herrliche Botschaft! Der Herr befiehlt dir nicht, Gutes zu tun, er erwartet auch nicht, daß du das Gute tun willst. Er möchte kommen und in dir leben. Es geht nicht darum, ob das Gute getan wird, sondern darum, wer es tut.

Es ist ein mühseliges Unterfangen, vor Gott leben zu wollen, denn ihr werdet seinen Anforderungen nie zu genügen vermögen. Ihr werdet euch schließlich verteidigen wollen: »Herr, ich wußte, daß du ein harter Mann bist; du erntest, wo du nicht gesät, und sammelst, wo du nicht ausgestreut hast« (Matth. 25, 24). Ihr seid völlig außerstande, Gottes Ansprüchen gerecht zu werden.

Wie aber sollt ihr denn nun euer Christenleben leben? Sicher nicht, indem ihr einen fleischlichen, sündhaften Menschen in den Himmel mitnehmt und ihn zu einem Sklaven macht. Es ist in der Tat ein Glück, daß kein weltlicher Mensch in den Himmel eingehen kann, denn selbst wenn ihm dies möglich wäre, würde er wohl alsbald wieder entfliehen wollen. Er könnte es dort auch nicht einen Tag aushalten. Wie sollte er die göttlichen Anforderungen ausstehen können? Wie verschieden sind doch seine Natur und seine Ansichten, sein Weg und seine Weltanschauung von denjenigen Gottes! Wenn er vor Gott gebracht würde, dann möchte er gleich wieder wegfliehen.

Gottes Weg und sein Geheimnis besteht aber weder in einer Aufforderung, den Herrn Jesus nachzuahmen, noch darin, mir auf mein Bitten hin Kraft zuzuteilen, damit ich wie Christus wandeln kann. Gottes Weg für mich ist der gleiche wie für Paulus, der sagte: »Und nicht mehr lebe ich, sondern Christus lebt in mir.« Habt ihr den Unterschied bemerkt? Es ist weder ein Christus nachgeahmtes Leben noch ein Leben, zu dem uns Kraft geschenkt wird; es ist vielmehr ein stellvertretendes Leben. Nicht mehr ihr seid es, denn Gott läßt euch vor ihm nicht leben. Es ist Christus, der in euch lebt und der in Gottes Gegenwart zu bestehen mag. Es geht somit nicht darum, Christus nachzuahmen oder die Kraft Christi zu empfangen, sondern darum, daß ich Christus in mir leben lasse.

Ihr seid an dem Punkt angelangt, wo es nicht mehr Ich heißt, sondern Christus. Dies ist das Leben der Gläubigen. Früher lebte nicht Christus, sondern ich; jetzt lebe nicht ich, sondern Christus. Wenn jemand nicht sagen kann: »Nicht ich, sondern Christus«, dann weiß er noch nicht, was christlicher Glaube oder christliches Leben ist. Es ist offensichtlich, daß er nur hofft, so zu leben, daß es Christus sein könnte und nicht er. Aber Paulus sagt uns, daß es nicht so gemeint ist. Er sagt, daß es darum geht, Christus leben zu lassen.

Mit Christus gekreuzigt

Nun werdet ihr euch höchstwahrscheinlich fragen, wie ihr aus dem Wege gehen könnt, so daß Christus leben kann? Dies ist in der Tat ein großes Problem. Wie kann es zum »Nicht-mehr-ich«-Kommen? Die Antwort darauf finden wir im zweiten Teil von Galater 2, 19: »Ich bin mit Christus gekreuzigt.« Ohne gekreuzigt zu sein, bin ich noch nicht auf dem Weg. Ohne gekreuzigt sein, bin immer noch ich es, der lebt. »Nicht mehr ich«, kann es erst dann heißen, wenn ich mit Christus gekreuzigt bin.

Es sind zwei Voraussetzungen, die erfüllt sein müssen, ehe wir erfahren können, daß wir mit Christus gekreuzigt sind.

Da ist als erstes das Werk des Herrn. Es müssen mir die Augen dafür geöffnet werden, daß ich ebenfalls dort war und zusammen mit ihm gekreuzigt wurde, als der Herr Jesus am Kreuz starb. Ich brauche nicht nochmals mit Christus gekreuzigt zu werden. Christus wurde vor über neunzehnhundert Jahren gekreuzigt und ich mit ihm. Es wäre kein Mitgekreuzigtsein, wenn ich neunzehnhundert Jahre später wiederum gekreuzigt werden müßte. Wenn ich mit Christus gekreuzigt bin, dann bedeutet das, daß ich zur gleichen Zeit gekreuzigt wurde, wie Christus. Es bedeutet, daß auch ich starb, als er starb. Ich wurde an sein Kreuz gehängt; ich war mit ihm dort. Er mußte nicht auf mich warten. Als der Herr Jesus ans Kreuz ging, legte Gott mich in Christus hinein, folglich bin ich gleichzeitig mit ihm gestorben. Das ist Gottes Werk.

Vor über neunzehnhundert Jahren legte Gott meine Sünden auf Christus. Als ich an den Herrn Jesus zu glauben anfing, der für mich gestorben und meine Sünden in seinem Leib mittrug, da konnte ich nicht sagen, was er für mich getan habe, habe er erst gestern getan. Was er tat, ist ja vielmehr schon vor über neunzehnhundert Jahren geschehen. Vor nahezu zwanzig Jahrhunderten legte Gott meine Sünden auf den Herrn Jesus, der sie für mich getragen hat. Gleicherweise versetzt Gott auch mich in ihn hinein, als er gekreuzigt wurde. So wie mein Sündenproblem vor neunzehnhundert Jahren gelöst wurde, so ist auch das Problem meines Eigenlebens vor neunzehnhundert Jahren gelöst worden. Als Gott meine Sünden auf den Herrn Jesus legte, hat er auch mich in den Herrn Jesus hineingelegt. Als der Herr am Kreuz starb, bin auch ich dort gewesen und mit ihm gestorben. Dort war es aus mit mir.

Denkt bitte daran: euer Sündenproblem wurde am Kreuz gelöst, und am selben Kreuz seid auch ihr selbst dem Tod übergeben worden. Wir brauchen uns nur in Erinnerung zu rufen, was in Römer 6, 6 geschrieben steht: ». . . wissen wir doch, daß unser alter Mensch mitgekreuzigt worden ist.« Es heißt nicht, daß mein alter Mensch mit ihm gekreuzigt zu sein wünscht, sondern, daß mein alter Mensch mitgekreuzigt *worden ist.* Es ist weder ein Wünschen noch ein Hoffen. Das Wort im Griechischen ist sehr bestimmt. Es heißt »wurde« und weißt unmißverständlich darauf hin, daß ich ein für allemal, tatsächlich und unabänderlich mit ihm gekreuzigt worden bin. Da Gott mich in Christus hineingelegt hat, bin auch ich mit ihm am Kreuz gestorben.

Um euch dies anschaulich zu machen, habe ich hier ein Blatt Papier, auf dem die Worte »Der einhundertste Jahrestag« geschrieben stehen. Wenn ich nun das Papier zerreiße, zerreiße ich damit auch die daraufstehenden Worte. Ich zerreiße nur das Papier, ich zerreiße die Worte nicht; aber indem ich das Papier zerreiße, zerreiße ich auch den »einhundertsten Jahrestag«. Oder, um ein weiteres Beispiel zu gebrauchen: Der Vorhang im Tempel war mit kunstvoll in ihn hineingewirkten Cherubimgestalten geschmückt. An dem Tag dann, als der Herr Jesus starb, zerriß Gott im selben Augenblick diesen Vorhang von oben bis unten. Darf ich fragen, wurden nun die Cherubim auch zerrissen, als der Vorhang zerrissen wurde? Sicherlich; als der Vorhang zerrissen war, da waren auch die Cherubim zerrissen.

Der Hebräerbrief unterrichtet uns, daß der Vorhang auf das Fleisch unseres Herrn Jesus hinweist (Hebr. 10, 20). Die Bibel macht uns auch klar, daß die Cherubim Gottes Kreaturen darstellen. Die Gesichter der Cherubim sind die eines Löwen, eines Ochsen, eines Adlers und eines Menschen. Diese sind Sinnbilder der Kreatur Gottes. Weil Gott die ganze Schöpfung in den Herrn Jesus hineinlegte, ging ein Riß durch die ganze Schöpfung, als sein Leib gebrochen wurde. Als er starb, starb auch die alte Schöpfung. Dies zeigt euch klar, daß Gott auch euch schon mit Christus gekreuzigt hat, euch, die ihr so viele Jahre selbst versucht habt, das Leben eines Christen zu leben. Als der Herr Jesus gekreuzigt wurde, wurdet auch ihr mit der ganzen alten Schöpfung entzweigerissen. Das Fleisch des Herrn Jesus wurde wie ein Vorhang zerrissen, und damit starb auch die ganze alte Schöpfung.

Das ist etwas, was es zu glauben gilt. So wie euch die Augen geöffnet wurden, daß ihr eure Sünden auf Christus gelegt sehen dürft, so müssen euch die Augen auch dafür geöffnet werden, daß ihr euch in Christus verborgen seht. Eure Sünden wurden weggetragen, ihr seid gekreuzigt worden. Das ist nicht euer Problem, sondern das Problem Christi, denn er hat es für euch getan. Schaut nicht in euch hinein. Eure Sünden sind nicht mehr in euch, sondern am Kreuz. So ist auch euer altes Ich nicht mehr hier, sondern dort am Kreuz. Die Sieglosen und Niedergeschlagenen schauen immer wieder in sich hinein; jene, die glauben, blicken auf das Kreuz. Unsere Sünden sind dort am Kreuz, nicht hier; genauso ist auch der Sünder dort und nicht hier. Wir müssen im Glauben erfassen, daß unser alter Mensch am Kreuz ist und nicht hier in uns. Dies hat der Herr vollbracht. Es ist erledigt. Gott hat uns in Christus hineingelegt und mit ihm sterben lassen. Da Christus gestorben ist, sind auch wir gestorben. Dies ist die erste Voraussetzung.

Aber wie kommt es denn, daß ich doch immer noch am Leben bin? Ich, der ich gekreuzigt wurde, bin ja immer noch am Leben. Hier hat euer Glaube einzusetzen. Ihr müßt euern Willen gebrauchen und euch entschlossen auf Gottes Seite stellen. Wenn ihr täglich wieder gut von euch denkt und das Gute tun wollt, dann seht ihr darin euch selbst wieder als die, welche leben. Euer »Ich« wird erneut leben – sofern es nicht schon zuvor lebte. Da ihr von ihm erwartet, daß es lebe, wird es auch leben. Euer alter Mensch kann nicht in Frieden sterben. Viele wünschten sich nichts so sehr, wie dies selbst tun zu können. Aber ihr solltet auf das sehen, was der Herr für euch getan hat. Er hat euch gekreuzigt. Was versteht man unter tot sein? Es ist Schwachheit im höchsten Grad. Ein Mensch wird schwach und wird schwächer und schwächer, bis er die äußerste Schwachheit erreicht hat; das heißt, tot ist.

Warum haben wir Römer 7 in der Bibel? Weil der Mensch in Römer 7 noch nicht begriffen hat, was in Römer 6 geschrieben steht. Nach Römer 6 hat uns der Herr gekreuzigt; aber in Römer 7 will doch das eigene Ich noch das Gute tun. Wir müssen folglich beide Seiten sehen. Auf der einen Seite bin ich in Christus gestorben; auf der andern Seite habe ich ein Gekreuzigter zu sein, so daß nicht ich selbst es bin, der etwas tut. Diese zweite Seite ist meine Angelegenheit. Ich muß sagen: »Herr, es ist aus mit mir, und ich halte mich auch nicht mehr für fähig. Herr, ich kann das Gute nicht tun; ich habe es auch aufgegeben, Gutes tun zu wollen. Herr, ich bin schlecht, ohne daß ich die Absicht habe, Böses zu tun.« Durch nicht tun ist das Werk geschehen.

Nehmen wir nun zum Beispiel an, ihr habt keine Geduld. Ihr möchtet natürlich gerne geduldig sein und bestrebt euch auch, geduldig zu sein, ja ihr tut euer Möglichstes, um die Geduld nicht zu verlieren, ihr bittet um Geduld und bemüht euch immer wieder aufs neue Geduld zu üben. Doch, je mehr ihr euch danach ausstreckt, geduldig zu sein, desto weniger seid ihr es imstande. Der Herr hat aber auch euer ungeduldiges Ich bereits gekreuzigt. Was ihr daher sagen solltet, ist: »Herr, ich bringe es nicht fertig, geduldig zu sein. Ich gebe es auf, selbst geduldig sein zu wollen. Herr, ich bin ein ungeduldiger Mensch. Ich versuche es daher gar nicht mehr, geduldig zu sein.« Dies ist der Weg, um freizuwerden.

Der Herr hat euch gekreuzigt, und ihr sagt »Amen« dazu. Da der Herr dich gekreuzigt hat, was willst du da noch selbst versuchen, geduldig zu sein? Der Herr sagt: »Du bist absolut unfähig, darum bist du gekreuzigt worden.« Dennoch antwortest du: »Ich will versuchen, geduldig zu sein; ich will versuchen wie ein Christ zu handeln.« Aber da erwartest du von der falschen Person, daß sie sich wie ein Christ verhalte. Entschuldigt mich, wenn ich es einmal etwas ungehobelt sage: sowenig sich eine Katze oder ein Hund wie ein Christ zu verhalten vermag, sowenig vermögt ihr es. Wenn ihr es fertigbringt, eine Katze oder einen Hund Christus ähnlich zu machen, dann könnt ihr auch euch ihm ähnlich machen. Wir sind alle sehr fern von Gott und nicht weniger fern als die niedrigeren Lebewesen. Ich weiß, das klingt nicht wohl in unseren Ohren, aber dies ist der wahre Sachverhalt. Der Herr hat sein Urteil bereits gefällt. Er hat gesehn, daß ihr es nicht könnt, daher blieb nur eines übrig, euch zu kreuzigen. Aber ihr seid nicht einverstanden. Ihr wollt immer noch versuchen, ringen und beten. Wenn doch der Herr sagt, ihr seid unfähig, warum denn nicht einfach zugeben, daß ihr unfähig seid? Wenn er sagt »Stirb«, warum nicht einfach antworten: »Ja, laß mich sterben«? Sobald ihr dies sagt, erfahrt ihr, daß es geschieht.

Wovon handelt Römer 7? Römer 7 sagt uns, daß der tote Mensch protestiert. Der Herr hat meinen alten Menschen gekreuzigt, ich jedoch lehne mich dagegen auf. Ich nehme mir immer noch vor, das Gute zu tun. Erst nachdem ich immer und immer wieder versagt habe, gestehe ich meine vernichtende Niederlage ein. Dann, endlich, neige ich mein Haupt und bekenne: »Es war nicht unbillig von dir, mich zu kreuzigen, denn ich bin wirklich am Ende.« Brüder und Schwestern, seht ihr nun, was Befreiung bedeutet? Der Weg der Befreiung besteht darin, das Urteil des Herrn über euch anzunehmen. Ein Beispiel. Ein Richter verurteilt einen Verbrecher zum Tode. Viele Verbrecher glauben jedoch den Tod nicht verdient zu haben und halten sich immer noch für annehmbar gut. Da ist selten einer, der zugibt, wirklich so schlecht zu sein, daß er nichts anderes als den Tod verdient hat. So wie Gott uns beurteilt, bleibt nur das Kreuz. Nach allem, was er sieht, sind wir völlig unfähig. Wenn dem nicht so wäre, hätte er uns nicht gekreuzigt. Wir dürfen uns glücklich schätzen, wenn wir uns auch so sehen können, wie Gott uns sieht. Wir müssen an einen Punkt kommen, wo wir gerne bereit sind, Gottes Urteil anzunehmen.

Unser Erfahren des Mitgekreuzigtseins hat folglich zwei Seiten. Christus ist gestorben, und mit ihm bin auch ich gekreuzigt worden. Das ist die eine Seite. Dies ist Gottes Werk. Auf der andern Seite muß ich diese Tatsache anerkennen und »Amen« dazu sagen. Ich sollte nicht allezeit versuchen, mich umzumodeln. Wenn ich immer noch Vorsätze fasse, geduldig und demütig zu sein versuche, dann wirke ich damit dem Werk Christi entgegen und mache es unwirksam. Was ich tun sollte, ist mein Haupt neigen und sagen: »Herr, du hast gesagt, ich müsse gekreuzigt sein; darum sage ich ebenfalls, ich muß gekreuzigt sein. Du hast gesagt, ich sei unbrauchbar; so sage auch ich, ich bin unbrauchbar. Du hast gesagt, ich habe keine Geduld; daher will ich künftig nicht mehr versuchen, geduldig zu sein. Du hast gesagt, ich könne nicht demütig sein; daher will ich künftig nicht mehr selbst danach trachten, demütig zu sein.« Denkt daran, es ist das Demütig-sein-Wollen, das das Leben aufhält. Es ist das Geduldig-sein-Wollen, das den Sieg blockiert. Ich bin einer, der keine Geduld besitzt, was hilft es da, demütig sein zu wollen? Ich verdiene nichts anderes als den Tod am Kreuz.

Das sieghafte Leben

Nun kann ich aus Überzeugung sagen, daß ich ein Gekreuzigter bin. Wenn ich heute leben darf, dann bin nicht mehr ich es der lebt, dann lebt jetzt Christus in mir. Mit mir ist es endgültig aus, aber Christus ist gekommen. Dies ist der Siegesweg. Dies ist es, was uns Paulus vor Augen geführt hat. Dies ist es, wie er das Christenleben lebte. Worin besteht das Christenleben? Allein darin, daß nicht mehr ich es bin der lebt, sondern daß ich Christus für mich leben lasse.

Ich irrte jahrelang, war sündhaft, schwach, unfähig, stolz und launenhaft. Nun aber komme ich in die Gegenwart des Herrn und sage: »Herr, ich bin absolut unfähig. Von nun an will ich keine eigenen Anstrengungen mehr unternehmen. Bitte, übernimm du es.« Dies ist es, was mit ». . . nicht mehr lebe ich, sondern Christus lebt in mir« gemeint ist. »Ich habe lange genug gelebt; ich bin es gründlich satt zu leben; nun, Herr, willst du es bitte versuchen?« So einfach ist es. Das sieghafte Leben besteht in nichts anderem als in: du brauchst nicht zu leben; du brauchst dich nicht bis zur Erschöpfung anzustrengen; du darfst nur aufblicken und sagen: »In Zukunft will ich es gar nicht mehr erst unternehmen, selbst zu leben; lebe du Herr und mache du dich als mein Leben kund!«, so wird es geschehen.

Denkt nicht, dies sei zu schwierig oder zu tief. Denkt vielmehr daran, daß Neubekehrte dies schon während den ersten paar Wochen lernen sollten. Sie sollten vom ersten Tag an erfahren, daß nicht mehr sie leben, sondern daß Christus für sie lebt. Dies ist etwas, das sie sehen, und eine Stellung, die sie einnehmen müssen. Die Hauptschwierigkeit besteht für viele nur darin, daß sie die Hoffnung nicht aufgegeben haben, es doch noch selbst schaffen zu können und sich immer wieder neu anstrengen und Vorsätze fassen.

Wißt ihr was mit »die Hoffnung aufgeben« gemeint ist? Wenn jemand in euerm Haus nichts richtig zu tun vermag, dann heißt ihr ihn doch schon gar nicht mehr irgend etwas zu tun. Er ist ein hoffnungsloser Fall. Genau dies hat Jesus mit euch getan; er hat euch bereits als hoffnungslose Fälle aufgegeben.

Wenn er euch nicht aufgegeben hätte, dann hätte er euch nicht gekreuzigt. Wenn nicht irgendwelche Hoffnung vorhanden wäre, würde er euch bestimmt nicht kreuzigen. Der Herr hat euch bereits als hoffnungslos aufgegeben; ihr aber versucht es trotzdem immer wieder. Je mehr ihr fallt, desto schneller erhebt ihr euch wieder. Je mehr ihr sündigt, desto festere Entschlüsse versucht ihr zu fassen. Ihr habt euch noch nicht aufgegeben. Doch eines Tages wird euch Gott Gnade und Einsicht schenken, daß ihr euch genauso als unfähig zu betrachten habt, wie er euch für unfähig hält; da Gott über euch das Urteil gefällt hat, daß ihr nichts als den Tod verdient, schließt auch ihr euch diesem Urteil über euch an. Dann wird es euch leicht fallen, zum Herrn zu kommen und zu sagen: »Ich bin mit Christus gekreuzigt worden; ich lebe nicht mehr. Nicht nur du hast mich gekreuzigt, auch ich will nun nicht mehr leben. Von nun an lebe nicht mehr ich, sondern du.«

Von da an bewegt ihr euch auf positivem Kurs. Wenn ihr mit dem Herrn sprecht, sagt ihr: »Herr, ich nehme dich gern als mein Leben an. Von nun an anerkenne ich dankbar, daß du mein Leben bist. Ich bekenne, daß für mich nun Christus das Leben ist.« Dies wird, dem Herrn vertrauend, euer alltägliches, vor Gott gelebtes Leben werden. »Herr, das ist deine Sache, nicht meine.« Ihr werdet nicht so sehr versucht zu sündigen; die Versuchung wird vielmehr darin bestehen, wieder in eigener Kraft etwas tun zu wollen.

Ich sage dies schon seit Jahren, und ich will es auch jetzt nochmals sagen: das Hauptziel der Versuchung besteht nicht so sehr darin, uns zur Sünde zu verleiten, als darin, unseren alten Menschen wieder zu eigenem Wirken zu verleiten. Die Versuchung will den alten Menschen veranlassen, selbst zu widerstehen. Wenn der alte Mensch sich zu erheben vermag, um der Versuchung zu widerstehen, dann kann er sich ebensogut erheben, um eine Sünde zu begehen. Sobald uns daher eine Versuchung ankommt, müssen wir uns weigern, selbst etwas zu tun. »Herr, das ist deine Sache. Herr, ich blicke auf dich, denn du lebst für mich.« So lernt ihr euch auf den Herrn zu verlassen, daß er in und für euch lebt.

Ihr habt täglich zu glauben; ihr solltet dem Herrn immer wieder sagen: »Herr, ich tauge zu nichts. Ich nehme dein Kreuz an. Bewahre mich, Herr, daß ich nichts selbst versuche. Unter allen Umständen, Herr, übernimm du die Leitung. Herr, du bist der Herr, so lebe nun du.« Glaubt mir, wenn ihr so zum Herrn aufschaut und ihm täglich vertraut, werdet auch ihr täglich bezeugen können, daß tatsächlich nicht mehr ihr es seid, die leben, sondern Christus, der in euch lebt.

»Was ich aber jetzt im Fleische lebe, das lebe ich im Glauben an den Sohn Gottes.« Was bedeutet das: Christus lebt in mir? Es bedeutet ganz einfach, daß ich von nun an im Glauben an den Sohn Gottes lebe. Ich glaube täglich, daß der Sohn Gottes in mir lebt. »Herr, ich glaube, daß du für mich lebst. Herr, ich glaube, daß du mein Leben bist, und ich glaube auch, daß du in mir lebst.« So glaubend und so lebend, werde ich keinerlei eigene Schritte mehr unternehmen, einerlei, was immer mir auch zustoßen mag. Wenn einer diese wichtige Lektion in Römer 7 nicht gründlich gelernt hat, ist er unbrauchbar. Diese Lektion besteht in der Hauptsache darin, daß wir keine Vorsätze fassen sollen. Mit andern Worten, es gilt einzusehen, wie zwecklos es ist, Vorsätze zu fassen und daraus die Lehre zu ziehen und keine mehr fassen. Wenn jeder Widerstand unnütz ist, dann will ich von nun an nicht mehr widerstehen. Wenn all mein Einsatz vergeblich ist, dann will ich mich künftig nicht mehr rühren. Ich will dem Herrn sagen: »Herr, ich will es in Zukunft nicht mehr tun. Ich gebe es endgültig auf.«

Lernen wir daher lieber aufzublicken, statt etwas zu tun. Wir sind durch den Glauben errettet und nicht durch Werke, und unser Leben besteht aus Glauben und nicht in Werken. Wir wurden errettet, indem wir zum Herrn aufschauten, und so sollen wir auch in gleicher Weise leben. Laßt uns daher aufblicken und sagen: »Herr, du bist es, nicht ich.« So wie am Anfang meine Errettung nicht etwas war, was ich tat, sondern was der Herr tat, so lebe ich heute auf Erden nicht durch mich, sondern durch den Herrn. Lernt daher an den Sohn Gottes glauben. Sagt zum Herrn: »Herr, du bist der Herr, dem ich glaube. Alles hängt von dir ab. Ich möchte, daß du in mir lebst.«

Ich beharre nicht darauf, daß ihr genauso beten müßt. Aber ich frage euch, ist dies eure Grundlage? Brüder, seid ihr euch darüber im klaren, daß Niederlagen keineswegs durch weniger, sondern durch zu viele menschliche Werke verursacht werden. Solange wir es schaffen wollen, kann uns Gottes Gnade nicht erreichen, folglich erfahren wir auch keine Sündenvergebung. Genauso kann auch das Leben des Herrn sich nicht kundtun, solange wir noch selbst so sehr tätig sind. Dies ist ein Grundsatz, den wir uns immer vor Augen halten sollten.

Wenn ich noch den eigenen Werken vertraue, kann die Kraft des Kreuzes unmöglich offenbar werden. Wenn ich immer noch das Gute zu tun versuche, werde ich nicht erlöst. Sobald ich es aber aufgebe, mir selbst zu vertrauen, und zum Herrn aufschaue, bin ich errettet. So ist es auch heute noch. Wenn das Kreuz noch nicht in mir hat wirken können, bin immer noch ich es, der wirkt. Unter diesen Umständen zu sagen, »nicht ich, sondern Christus«, wäre töricht. Ich muß lernen, mich für gänzlich untauglich zu erklären. Ich bin ein derart vollkommen hoffnungslos unfähiger Mensch, daß ich weder den Versuch unternehme noch bete. Ich verhalte mich einfach still. Auf diesem sichern Grund stehend, erhebe ich mein Haupt und sage: »Herr, ich glaube, daß du in mir lebst. Ich verlasse mich darauf, daß du für mich demütig bist. Ich vertraue dir, daß du für mich überwindest. Ich erwarte zuversichtlich, daß du dein Leben offenbaren wirst. Du mußt mein ganzes Leben für mich leben.« Was ihr so dem Herrn anvertraut, das wird er auch für euch tun, das dürft ihr mir glauben. Solange aber eure Verhaltensweise eurem Glauben widerspricht, könnt ihr nicht erwarten, daß der Herr irgend etwas für euch tun wird. Dies ist eine Angelegenheit, die zuerst klar und gründlich geregelt sein muß.

Sobald einer an den Herrn gläubig wird, sollte er gleich damit beginnen, Christus in sich leben zu lassen. So wird er Christus als sein Leben erfahren und sich immer davor hüten, wieder selbst zu handeln. Römer 7 offenbart uns das Bemühen eines Toten. Obschon der Mensch bereits tot ist, will er sich immer noch betätigen. Solange aber dies der Fall ist, kann Gott nicht wirken. Lernen wir daher in Wahrheit vor Gott zu leben, machen wir keinen Schritt mehr von uns aus, sondern handeln wir nur im Gehorsam gegen Gott. Dann haben wir in Wahrheit erfaßt, was glauben heißt. Wenn aber die Grundlage nicht in Ordnung ist, wird das Christenleben immer von Schwachheit gezeichnet sein. Daher müssen schon Neubekehrte mit der richtigen und wahren Grundlage vertraut gemacht werden.

Der Wille Gottes

Die Wichtigkeit, Gottes Willen zu erkennen

Wir wollen uns nun im folgenden damit beschäftigen, wie auch Neubekehrte den Willen Gottes erkennen können. Es ist dies von großer Wichtigkeit, denn das Fehlen einer solchen Erkenntnis wirkt sich im Dienst für den Herrn sehr nachteilig aus.

Bevor einer Christ wird, lebt er nach den Lüsten des Fleisches und befriedigt den Willen des Fleisches und der Gedanken. Er ist von Natur ein Kind des Zornes. Da er nur sich selbst dient, sucht er in allem sein eigenes Ich zufriedenzustellen und pflegt stets nur zu tun, was ihn glücklich macht. Nachdem er aber an den Herrn gläubig geworden ist, anerkennt er Jesus von Nazareth als seinen Herrn und will nun ihm dienen. Da er losgekauft wurde, gehört er nicht mehr sich selbst. Er bekennt, nachdem er mit einem Preis erkauft wurde, nun des Herrn Eigentum zu sein und ihm nun auch dienen zu wollen.

Demzufolge tritt im Leben eines Gotteskindes, gleich vom Tag seiner Errettung an, eine drastische Veränderung ein. Zuvor war es enttäuscht, wenn es nicht tun konnte, was es wollte, glücklich dagegen, wenn es tun konnte, was es begehrte. Sein Glück war von der Erfüllung des eigenen Willens abhängig. Nun aber ist nicht mehr sein Ich der Mittelpunkt, denn nun hat es einen Herrn. Sollte es gleichwohl noch, wie zuvor, nach seinem Willen leben, so wird es dessen doch nicht mehr recht froh, im Gegenteil, es wird ihm dabei höchst unbehaglich zumute.

Nachdem ihr erlöst seid, werdet ihr, sofern ihr wieder dem eigenen Willen folgt, darin bald einmal die eigentliche Ursache eures Unbehagens erkennen. Je mehr ihr eure eigenen Wünsche zu befriedigen sucht, desto unbehaglicher wird euch zumute. Wenn ihr dagegen, durch das neue Leben in euch, Gott zu folgen lernt, statt den eigenen Gedanken, dann wird Frieden und Freude bei euch einkehren.

Dies ist fürwahr eine wunderbare Veränderung. Gottes Willen tun macht froh. Denkt doch nie, auch nicht für einen Augenblick, dem eigenen Willen folgen zu können, würde euch glücklich machen. Der Weg zum Glück besteht nicht darin, den eigenen Willen durchsetzen zu können, sondern darin, den Willen Gottes zu tun.

Das Leben, das wir empfangen haben, fordert von uns in erster Linie einen Wandel nach Gottes Willen. Je mehr wir Gottes Willen tun, desto größer ist unsere Freude. Je weniger wir eigene Wege gehen, desto gerader ist unser Weg vor Gott. Wenn wir nicht nach unserem eigenen Belieben leben, wird unsere Erfahrung ein sich um so höher aufschwingendes Leben in Gottes Gegenwart sein. Wenn wir jedoch unserem eigenen Willen folgen, wird unser Weg nur immer noch beschwerlicher. Das Glück ist die Frucht des Gehorsams und nicht des Eigensinns.

Dies ist etwas, was allen Neubekehrten klar gemacht werden sollte. Wenn wir an den Herrn glauben, machen wir im Innersten unseres Wesens einen Wandel durch. Das erste, was wir nun fragen, ist: »Herr, was willst du, daß ich tun soll?« So fragte ein Paulus, und so fragen auch wir. Sooft wir einem Problem begegnen, sollten wir uns unter die Hand Gottes demütigen und sagen: »Nicht nach meinem Willen, sondern nach deinem, Herr.«

Einerlei, wie schwierig auch die Umstände oder die Prüfungen sein mögen, wir müssen Gehorsam lernen und in allem sagen: »Herr, nicht mein Wille, sondern dein Wille.« Ob es Entscheidungen sind, die unsere Zukunft betreffen oder die Wahl, welchen Weg wir gehen sollen, wir haben es dem Herrn vorzulegen und zu sagen: »Herr, nicht mein Wille, sondern dein Wille geschehe.«

Brüder, sobald einer Christ geworden ist, sollte er gleich damit anfangen und zu Gottes Gedanken Ja sagen. Sein Wille allein soll alles bestimmen. Keiner sollte noch länger nach seinen eigenen Vorstellung leben. Ihr bleibt vor manch unnötigem Umherirren bewahrt, wenn ihr vor Gott offen und gefügig seid und euch von Anbeginn an seinem Willen unterstellen lernt. Wenn viele in ihrem Christenleben versagen, so nur deshalb, weil sie noch ihrem eigenen Willen folgen. Denkt daher daran, nach eurem eigenen Willen wandeln, bringt euch nichts als Kummer und geistliche Armut ein. Schließlich wird Gott euch zwar schon auch noch herumkriegen, seinem Willen zu folgen, aber er muß euch dann durch besondere Verhältnisse oder außergewöhnliche Wege dazu bewegen, euch ihm unterzuordnen. Wenn ihr nicht seine Kinder wäret, würde er euch fallenlassen. Weil ihr aber seine Kinder seid, wird er euch in seiner eigenen Weise auf den Weg des Gehorsams lenken. All euer Ungehorsam läßt euch lediglich unnötig umherirren. Am Ende jedoch werdet auch ihr gehorchen.

Wie wir den Willen Gottes erkennen können

Wie können wir erkennen, was Gottes Wille ist? Wir irren so oft. Es fällt uns Erdenbürgern nicht leicht, Gottes Willen zu verstehen. Dennoch bleibt uns vor Gott ein Trost, denn wir sind nicht allein gelassen mit unserem Wunsche, Gottes Willen tun zu wollen, denn Gott möchte ebenfalls, daß wir ihn tun.

Wir trachten danach, Gottes Willen zu erkennen, und er selbst ermahnt uns ja auch: ». . . suchet zu verstehen, was des Herrn Wille sei!« (Eph. 5, 17). Da er wünscht, daß wir seinen Willen tun, wird er uns sicher auch befähigen, ihn zu erkennen. Es ist folglich Gottes Sache, uns seinen Willen zu offenbaren. Kein Kind Gottes braucht sich darüber Sorgen zu machen, wie es Gottes Willen tun kann, solange es ihn nicht erkannt hat. Wenn es auch recht schwierig ist, Gottes Willen zu erkennen, sich darüber zu sorgen ist unnötig. Irgendwie *wird* Gott uns seinen Willen kundtun.

Lernen wir daher zu glauben, daß, wenn Gott will, daß wir seinen Willen tun, er ihn uns auch zweifellos kundmachen wird. Er wird die geeigneten Mittel brauchen, um uns zu zeigen, was er von uns will. Es ist die Verantwortung des Meisters, den Knechten seinen Willen kundzutun; dann aber ist es an ihnen, zu gehorchen. Wenn wir den Willen und die Absicht haben, Gott gehorchen zu wollen, dann werden wir auch erfahren, daß der Herr die Verantwortung übernimmt und uns mitteilt, was sein Wille ist. Wenn dem nicht so wäre, dann wäre er dafür verantwortlich, wenn wir etwas falsch machen. Daher sollten auch junge Gläubige Gott vertrauen lernen, daß er ihnen seinen Willen offenbaren wird.

Wie können wir nun Gottes Willen erkennen? Hier gilt es vor allem dreierlei zu beachten. Wenn diese drei Faktoren zusammenpassen, könnt ihr sozusagen sicher sein, was der Wille Gottes ist. Wenn aber diese drei Punkte nicht miteinander in Übereinstimmung zu bringen sind, wenn nur einer von diesen mit den andern nicht im Einklang steht, dann wißt ihr, daß ihr weiterhin vor Gott zu warten habt.

Welches sind nun diese drei Faktoren? Das erste sind die Umgebungs-Ereignisse; das zweite ist ein inneres Empfinden der Führung des Heiligen Geistes; und das dritte die biblische Belehrung. Das heißt natürlich nicht, daß dies die Reihenfolge sein muß; es besagt nur, daß alle drei nötig sind und daß, wenn sie miteinander im Einklang stehen und das gleiche aussagen, ihr dann daran klar erkennen könnt, was Gottes Wille ist. Wenn aber nur eines von diesen dreien mit den andern nicht in Einklang zu bringen ist, dann dürft ihr nichts überstürzen, dann solltet ihr noch zuwarten. Hütet euch daher davor, irgend etwas übereilen oder erzwingen zu wollen. Handelt erst, nachdem sich diese drei Faktoren miteinander vereinen lassen.

1. Umgebungs-Ereignisse

Wir wollen uns nun zuerst dem Faktor der Umgebung zuwenden. Die Bibel sagt uns: »Verkauft man nicht zwei Sperlinge um einen Pfennig?« (Matth. 10, 29). An anderer Stelle heißt es: »Verkauft man nicht fünf Sperlinge um zwei Pfennige?« (Luk. 12, 6). Wenn man nun aber um einen Pfennig zwei Sperlinge kaufen konnte, dann hätte man doch rechnerisch für zwei Pfennige vier Sperlinge erhalten. Aber der Herr sagte, fünf Sperlinge um zwei Pfennige. Daraus ersehen wir, wie billig die Sperlinge waren. Ein Pfennig für zwei, zwei Pfennige für fünf, somit wurde der fünfte kostenlos dazugegeben. Und doch fällt auch dieser fünfte Sperling nicht ohne den Willen Gottes auf die Erde.

Ich will nun aber nicht vom ersten oder zweiten Sperling sprechen, sondern vom fünften. Wenn es nicht Gottes Wille ist, wird dieser fünfte Sperling nicht auf die Erde fallen – obschon er kostenlos erstanden wurde, einfach als Beigabe zum Kauf. Damit gibt uns die Bibel zu verstehen, daß alle Umgebungs-Ereignisse, all die Dinge, die in unserer Umgebung geschehen, Ausdruck des göttlichen Willens sind. Keiner wird ohne den Willen des Vaters im Himmel zur Erde fallen. Somit seid ihr, wenn ihr einen Sperling auf der Erde liegen seht, dem Willen Gottes begegnet.

Nehmen wir als weiteres Beispiel das menschliche Haar. Afrikaner haben zum mindesten achtzig- bis neunzigtausend Haare; Chinesen haben fast alle deren hundert- bis hundertzehntausend; jene mit dünnen Haaren sogar bis zu hundertzwanzigtausend. Täglich fallen viele Haare aus, wachsen aber auch viele wieder nach. Manche halten dafür, daß sich unser Haar auf diese Weise alle paar Jahre völlig erneuert. Dessen ungeachtet sagt der Herr: ». . . du vermagst kein einziges Haar schwarz oder weiß zu machen« (Matth. 5, 36), ohne des Vaters Willen. Er sagt auch: »Bei euch aber sind auch die Haare des Hauptes alle gezählt« (Matth. 10, 30). Keiner von uns weiß wieviele Haare er hat. Wer hat schon je seine Haare gezählt? Aber Gott hat sie alle gezählt. Kein Mensch kann seine Haare natürlicherweise weiß oder schwarz machen; um solch eine Veränderung hervorzurufen, bleibt Gott und seinem Willen vorbehalten.

Neubekehrte sollten, um Gottes Willen erkennen zu können, auf ihre Umgebung achten. Es gibt keine Zufälle in unserem Leben. Die Geschehnisse eines jeden Tages sind uns vom Herrn zugemessen. Wir müssen erkennen, daß alles in unserem Leben – Vorkommnisse, die Familien, Ehegatten, Ehegattinnen, Kinder, Mitschüler und Verwandte – uns alle so vom Herrn zugeordnet sind. All die Dinge, die uns täglich zustoßen, sind uns vom Vater so zugeteilt worden. Wir müssen in der Umgebung Gottes Willen erkennen lernen. Dies ist der erste Faktor.

Viele Neubekehrte haben noch nicht gelernt, wie sie vom Heiligen Geist Geführte sein können und mögen auch noch recht wenig davon wissen, was die Bibel lehrt. Gott vermag sie aber dennoch zu leiten, können sie doch zum mindesten in ihrer Umgebung bereits die Hand Gottes wahrnehmen. Dies ist der allererste Schritt.

»Seid nicht wie Rosse und Maultiere, ohne Verstand, welchen man Zaum und Gebiß anlegen muß, da sie sonst nicht zu dir nahen« (Ps. 32, 9). Es hat manchmal den Anschein als müsse uns Gott mit Zaum und Gebiß halten, damit wir nicht vom rechten Weg abkommen. Wir sind so unverständig wie die Rosse und die Maultiere, die durch den äußeren Zwang von Zaum und Gebiß festgehalten werden müssen. Als Neulinge im Glauben beten wir vielleicht etwa so: »Herr, ich komme mir vor wie ein Roß oder ein Maultier, das keinen Verstand hat. Dein Wort und deine Führung sind mir noch nicht so recht klar. Bitte, halte du mich mit Zaum und Gebiß fest und laß mich nicht irregehen.«

Vertraut euch dem Herrn an, daß er euch Gehorsam lehren und euch in die dazu geeignete Umgebung hineinstellen möge. Er vermag dies zu tun. Habt ihr schon einmal gesehen, wie der Bauer auf einer Entenfarm einen langen Stab benützt, um seine Enten einzutreiben? Er verwendet dazu einen mehr als sechs Meter langen Stab. Mit diesem hält er die Enten auf dem rechten Weg. Wenn die Enten nebenaus laufen, treibt er sie damit wieder zurück. So dürft auch ihr euch getrost dem Herrn anvertrauen und sagen: »Herr, ich bin wie ein Roß, ich bin wie ein Maultier, es fehlt mir am Verständnis. Ich möchte aber nicht irregehen. Wie gut wäre es doch, deinen Willen zu kennen. Da ich ihn aber nicht kenne, bitte ich dich, halte mich mit Zaum und Gebiß fest. Es mangelt mir noch so an Verständnis, daß ich weglaufen würde, falls du Zaum und Gebiß lockern solltest. Ich bitte dich, umgib du mich und treibe mich nach deinem Willen. Wenn ich weglaufen möchte, dann greife du bitte ein. Wenn ich auch nichts weiß, so weiß ich doch was Schmerz ist. Ich bitte dich daher, schreite du ein wenn ich nicht bereit bin, deinen Willen anzunehmen.«

Achtet die Ereignisse in eurer Umgebung nicht gering. Wir müssen und dürfen uns von den Anordnungen, die der Herr in unserer Umgebung trifft, leiten lassen. Obschon wir noch wie Rosse und Maultiere sind, ohne Verstand und unrühmlich, so ist es dennoch etwas überaus Herrliches, von Gott in Schranken gehalten zu werden.

Ich weiß nicht, was eure Erfahrung ist, aber ich habe bei vielen neuen Brüdern und Schwestern oft den Eindruck, daß eine der größten Schwierigkeiten bei ihnen gerade in ihrer fortwährenden Auflehnung gegen die Umgebung liegt. Sie wollen sich nicht fügen, im Gegenteil, sie kämpfen und suchen baldigst aus ihren momentanen Verhältnissen herauszukommen. Solchen Leuten bleiben Wunden nicht erspart. Hätten sie sich ihrer Umgebung fügen gelernt, ihr Pfad würde viel gerader verlaufen. Lernt daher die Anordnungen, die der Herr in eurer Umgebung trifft, als die für euch genau die richtigen erkennen. Widersetzt euch dem nicht, was der Herr in eurem Umkreis getan hat.

2. Die Führung des Heiligen Geistes

Wir haben gesehen, wie Gottes Hand in unserer Umgebung kund wird. Gott will aber nicht, daß wir wie Rosse und Maultiere sind, die keinen Verstand haben. Er will uns von innen Führung zuteil werden lassen. »Denn alle, die sich vom Geiste Gottes leiten lassen, sind Gottes Kinder« (Röm. 8, 14). Wer kann vom Geiste Gottes geleitet sein? Die Söhne Gottes, denn der Heilige Geist leitet uns von innen her. Gott will uns nicht nur durch die Umgebung leiten, sondern auch durch seine belebende Kraft in unserem Geist. Denkt daran, wir haben den Heiligen Geist in uns wohnend; wir haben ihn in uns. Daher kann uns Gott im Tiefsten unseres Wesens seinen Willen kundtun.

Was ist die Führung des Heiligen Geistes? Der Prophet Ezechiel sagt uns, daß uns Gott bei der Wiedergeburt einen neuen Geist gibt. »Ich aber will... einen neuen Geist in eure Brust legen« (Ez. 11, 19). Er sagt dann aber auch noch: »Ich will meinen Geist in euch geben« (Ez. 36, 27). Wir müssen zwischen diesen beiden unterscheiden. Legt Gott gleich seinen Geist in uns, wenn wir wiedergeboren werden? Nein, er gibt uns zuerst einen neuen Geist und erst darauf auch seinen Geist. Der »neue Geist« ist des Menschen Geist, »mein Geist« hingegen ist Gottes Geist. Somit schafft Gott in uns zur Zeit der Wiedergeburt eine neuen Geist, den menschlichen Geist, und legt darauf dann seinen Geist in uns. Unser Geist ist wie ein Tempel, ein Haus für den Geist Gottes, in welchem er wohnen kann.

Bevor wir den neuen Geist in uns haben, kann uns Gott seinen Geist nicht geben. Würde er dies tun, dann fände sein Geist keine Wohnstätte. Während der Sintflut war die Erde mit Wasser überflutet. Gottes Gericht lag über der ganzen alten Schöpfung. Als die Taube aus der Arche gelassen wurde, fand sie keine Stätte, da ihr Fuß hätte ruhen können. Erst als die Wasser zurückwichen, das Gericht vorbei und die alte Schöpfung untergegangen war und die neue Schöpfung mit neuen Olivenblättern sichtbar geworden war, fand die erneut freigelassene Taube einen Ort, da sie sich niederlassen konnte. So ist es auch mit dem Geist Gottes. Durch all die Jahrhunderte hindurch wäre Gott immer gerne bereit gewesen, uns seinen Geist zu geben. Des Menschen Geist ist jedoch nicht nur verdorben und voller Sünde, sondern er ist auch tot. Des Menschen Geist gehört zur alten Schöpfung; seine Verbindung mit Gott ist unterbrochen worden. Demzufolge war es Gottes Geist völlig unmöglich, im Menschen zu wohnen, selbst wenn er dies gewollt hätte. Damit der Geist Gottes im Menschen wohnen kann, muß der Mensch wiedergeboren sein. Er muß einen neuen Geist in sich haben, damit der Geist Gottes eine Stätte vorfindet, da er wohnen kann.

Neubekehrte, ihr habt einen neuen Geist, und der Geist Gottes wohnt ebenfalls in euch. Dieser in euch wohnende Geist Gottes wird euch offenbaren, was Gottes Wille ist. Ihr habt das Zeugnis in euch. Dies ist die besondere, dem heutigen Gläubigen beigelegte Eigenschaft: er erkennt nicht nur durch das, was in seiner Umgebung geschieht, sondern auch von innen her. Er sieht nicht nur, was der Herr in seiner Umgebung vorkehrt, der Herr selbst offenbart ihm auch in seinem Innern, was sein Wille ist. Lernt daher auf die Führung des Heiligen Geistes in euch ebenso zu achten und zu vertrauen, wie auf das Wirken Gottes in eurer Umgebung. Im bestgeeigneten Augenblick, genau zur Zeit da es nötig ist, wird der Geist Gottes in euch nicht stumm bleiben, sondern euch erleuchten und euch zeigen, ob eine Sache von Gott ist oder nicht.

Sobald einer an den Herrn gläubig geworden ist, ist er auch imstande, die Führung des Heiligen Geistes wahrzunehmen und sich von ihm leiten zu lassen. Er braucht dafür nicht auf irgendwann in der Zukunft zu warten.

Vielleicht erinnert ihr euch an jene Geschichte vom »Hausmeister«. Als ich vor Jahren zur Erholung in den Kuling-Bergen weilte, durfte Bruder Yu zum Herrn finden. Nicht lange nach seiner Errettung reiste ich ab. Bevor dieser Bruder an den Herrn glaubte, war er ein arger Trinker. Besonders während des kalten Kuling-Winters pflegte er jeweils noch mehr von seinem hausgemachten Wein zu trinken. Nun waren beide, er und seine Frau errettet. Die chinesischen Schriftzeichen kannte er kaum, daher konnte er auch die Bibel nicht so richtig lesen. Eines Tages bereitete er eine Mahlzeit und wärmte sich auch den Wein, wie er es bisher gewohnt war. Bevor er trank, sprach er noch das Tischgebet. Dann fragte er seine Frau, ob ein Christ auch Wein trinken dürfe. Sie antwortete ihm, sie wisse es nicht. Hierauf sagte er, es sei schade, daß Mr. Nee bereits abgereist sei, sonst hätte er ihn fragen können. Da das Essen und der Wein nun schon bereit waren, schlug ihm seine Frau vor, doch einfach zu trinken und nachher Mr. Nee einen Brief zu schreiben und ihn zu fragen.

Hierauf sprach er nochmals ein Dankgebet. Doch irgendwie war es ihm doch nicht recht wohl dabei. Da sie nun Christen waren, hielten sie dafür, gerade jetzt Klarheit darüber haben zu müssen, ob ein Christ Wein trinken dürfe. So bat er seine Frau, ihm die Bibel zu reichen, denn ich hatte ihm eine Großdruck-Bibel geschenkt, nachdem er zum Glauben gekommen war. Doch, wie er sie so anschaute, wurde ihm ob der Dicke der Bibel angst und bange. Nun fand er es erst recht ungeschickt, solange Mr. Nee noch bei ihnen auf dem Berge war, nicht daran gedacht zu haben, daß er ihn fragen sollte, ob er noch Wein trinken dürfe.

Als ich ihm später wieder begegnete, fragte ich ihn, was er an jenem Tag getan hätte. Er antwortete: »Ich trank den Wein nicht. Du warst nicht mehr da, und in der Bibel kannte ich mich auch nicht aus. So dankte ich ein drittes Mal für das Essen und glaubte nun trinken zu können, aber der Hausherr in mir erlaubte es mir nicht. Also trank ich nicht.«

Diese Geschichte zeigt uns klar, daß, wenn einer wirklich von Herzen den Willen Gottes zu erfahren wünscht, er ihn auch erkennen wird. Nur Gläubige, die es nicht so genau nehmen wollen, sehen nie klar. Wenn aber ein Gläubiger entschlossen ist, Gottes Willen zu tun, dann wird ihm der Hausherr ihn ohne Zweifel auch kundtun. Seht, das ist christlicher Glaube und christliches Leben. Wir wissen also nicht nur um die Vorkehrungen in unserer Umgebung, sondern auch um die Unterweisung durch den Hausherrn.

Um Gottes Willen erkennen zu können, müßt ihr über dieses innere Empfinden schon etwas Bescheid wissen. Ihr solltet es aber gleichwohl auch nicht überbetonen, damit ihr nicht etwa einem zermürbenden Grübeln verfallt. Was ihr erkennen solltet, ist einfach, daß Gottes Geist im innersten Winkel des Menschen wohnt, das heißt, in seinem Geist. Dies ist die Erklärung dafür, weshalb das Wahrnehmen des Heiligen Geistes keine oberflächliche, flüchtige Angelegenheit sein kann; es kommt aus dem Innersten unseres Wesens. Es tönt nicht wie eine Stimme, und doch ist es wieder wie eine Stimme. Es ist nicht genau wie ein Empfinden und ist doch auch wieder wie ein Empfinden. Der Geist des Herrn in euch wird euch offenbaren, was sein Wille ist und was nicht. Wenn ihr dem Herrn angehört, wenn ihr der Regung dieses Lebens folgt, dann habt ihr das bestimmte Empfinden, das Richtige zu tun. Wenn ihr euch hingegen auch nur ein wenig auflehnt oder widersteht, dann seid ihr innerlich beunruhigt, und es ist euch unbehaglich zumute.

Gehorsam bedeutet Leben für den Gläubigen. Tut daher nichts, worüber eure Herzen unruhig werden. Wenn immer euch der innere Friede fehlt, dann wißt ihr, daß der Heilige Geist in euch betrübt ist. Wie solltet ihr da freudig sein können, wenn der Heilige Geist in euch betrübt ist? Wenn etwas des Herrn Wille ist, könnt ihr mit einem ruhigen Herzen ans Werk gehen. Wenn es jedoch nicht vom Herrn ist, wird euch der innere Frieden fehlen. Je länger ihr es trotzdem tun wollt, um so mehr schwinden Frieden und Zuversicht. Was ihr hingegen unter des Herrn Führung tut, bewirkt in euch naturgemäß Frieden und Leben. Ihr solltet aber deswegen keineswegs ständig grübeln und euer inneres Empfinden zu sehr durchforschen wollen.

Ich habe während der vergangenen zwanzig Jahre genug Briefe erhalten und bin genug Leuten begegnet, um zu wissen, wie oft Christen ihre inneren Empfindungen zu durchforschen versuchen. Nachdem sie von einer Scheidung von Geist und Seele gehört haben, fangen sie an, sich tagein und tagaus zu durchforschen. Sie machen aus ihrem Innern so etwas wie ein Laboratorium, in welchem sie unaufhörlich untersuchen, was recht und was falsch ist. Dies ist höchst ungesund und weist auf einen krankhaften Zustand hin. Wir sollten Gotteskinder davor warnen, und wo es bereits der Fall ist, ihnen wehren, es weiterhin zu tun.

Weil der Gläubige ein Kind Gottes ist, kann und wird er das Empfinden des Geistes verstehen. Wenn er weiß, daß etwas vom Geist ist, ist das genug. Sollte er sich jedoch zu einem Untersuchen seiner Empfindungen verleiten lassen, wird er unweigerlich vom Weg abkommen. Wir hoffen und denken, daß Gotteskinder derlei Mühsal zu vermeiden wünschen. Untersucht daher nicht andauernd eure

Empfindungen. Eine Notwendigkeit, dies zu tun, besteht nur da, wo nicht genügend Licht vorhanden ist. Wo das Licht ausreicht, sind Untersuchungen unnötig. Ihr wißt es augenblicklich. Durch den Geist Gottes in euch, ist euch alles klar. Wenn ihr entschlossen seid, Gott gehorchen zu wollen, werdet ihr in euerm Innersten erkennen, was sein Wille ist.

3. Biblische Belehrung

Der Wille Gottes wird uns jedoch nicht nur in den Ereignissen in unserer Umgebung und durch den Heiligen Geist offenbart, er wird uns auch durch die Bibel kundgetan. Sein Wille wurde in der Vergangenheit schon viele Male offenbart und ist uns als solcher in der Bibel überliefert worden. Es gibt nur einen Gotteswillen, nicht zwei oder zehn oder hundert oder gar tausend. Gottes Wille ist stets derselbe. Er ist heute nicht anders als gestern. Sein Wille bleibt ewig derselbe. Es ist daher wichtig, daß Gotteskinder die Bibel kennen. In ihr finden sie Gottes Willen offenbart.

Die Art, wie Gott eine Sache beurteilt, ist heute dieselbe wie eh und je. Was er vormals verurteilte, verurteilt er auch jetzt noch. Was ihm früher Freude machte, erfreut ihn auch heute. In der Bibel offenbart uns Gott seine Gesinnung. Gott hat seinen ureigensten Willen, der für viele Menschen und in vielen Dingen gilt, schon in früheren Tagen kundgetan. All dies finden wir in der Bibel aufgezeichnet. Da Gottes Wille unveränderlich ist, haben wir in der Bibel schon viele Beispiele, die uns dazu dienen sollen, seinen Willen zu erkennen. Es ist völlig ausgeschlossen, daß Gott heute etwas verurteilen könnte, was er in der Bibel gutgeheißen hat. Desgleichen wird uns auch der Heilige Geist heute unter keinen Umständen anleiten, etwas zu tun, was Gott in der Bibel bereits gebrandmarkt hat. Der Wille Gottes ist unteilbar.

Die Bibel offenbart uns Gottes Willen höchst umfassend. Sie ist nicht ein Buch, das nur gerade über ein paar wenige Leben berichtet oder nicht mehr als zwei oder drei Einzelheiten beleuchtet. Nein, die Bibel ist überaus weitschichtig, sie umfaßt alles. Wenn einer Gottes Willen erfahren will, muß er nur in die Bibel hineinschauen. Er muß es einem Richter gleichtun, der in vielen früheren Gerichtsentscheiden nachschaut, wenn er heute einen Entscheid zu treffen hat. Die Gerichtsentscheide von heute beruhen auf den Gesetzen von gestern. Gottes Wille ist in der Bibel bereits offenbart worden. Wenn ihr euch in seinem Wort die Entscheide in den verschiedensten Lebenslagen näher anseht, dann wißt ihr auch, was Gott heute von uns will. Es ist nicht so, daß Gott seine Meinung dann und wann ändern würde. In Christus ist alles Ja und Amen. Wenn Gott in irgend etwas einen Entscheid getroffen hat, dann hält er daran auch bis zum Ende fest.

Um Gottes Willen erkennen zu können, steht euch zum mindesten das höchst verläßliche Wort Gottes zur Verfügung. In vielen Dingen werdet ihr Gottes Willen schon beim gewöhnlichen Lesen in seinem Wort erkennen können. Gott wird auch heute in keinem Fall etwas anders tun, als wir in der Bibel sehen, was und wie er es getan hat. Es ist hier wohl ein Wachstum möglich, aber nie ein Widerspruch. Gottes Wille ist und bleibt derselbe. Damit ein Neubekehrter mit den Dingen Gottes vertraut wird, muß er viel im Wort Gottes lesen. Da er möglicherweise nie im Wort Gottes gelesen hat, ehe er Christ wurde, sollte er es jetzt um so aufmerksamer lesen, damit er Gott und Gottes Willen kennenlernt.

Gottes Wille wird am Gleichklang dieser drei Faktoren erkannt

Diese drei Faktoren – die Umgebungsereignisse, das Zeugnis in unserem Geist und die Bibel – offenbaren uns zusammen den Willen Gottes. An der Übereinstimmung dieser drei lernen wir den Willen Gottes erkennen. Worauf haben wir zu achten, wenn wir in einer bestimmten Angelegenheit Gottes Willen zu erkennen wünschen? Damit wir sicher sein können, müssen diese drei Faktoren miteinander im Einklang stehen. Ein Faktor allein genügt nicht, es erfordert vielmehr die Übereinstimmung aller drei. Dann können wir seines Willens gewiß sein.

Angenommen, es ersucht euch jemand, mit ihm ein Geschäft aufzubauen oder eine Reise zu machen. Oder angenommen, ihr befaßt euch selbst mit dem Gedanken, etwas zu unternehmen oder eine bestimmte Verbindung mit gewissen Leuten einzugehen. Oder angenommen, es will euch jemand überreden, eure zukünftige Laufbahn zu ändern. Wenn ihr euch vor solche Entscheidungen gestellt seht, wie geht ihr da vor, um zu erfahren, was Gottes Wille ist? Entsprechend den Grundsätzen, die ihr nun kennengelernt habt, werdet ihr euch als erstes dem Herrn zuwenden und sehen, was die Bibel darüber lehrt. Hat Gott in seinem Wort zu diesem bestimmten Problemkreis etwas ausgesagt? Forscht in der Schrift danach. Das, was dann mit der Bibel im Einklang steht, ist Gottes Wille. Hierauf fragt euch: »Wie empfinde ich in meinem Innern? Wie führt mich der Herr?« Fühlt ihr euch innerlich wohl? Ihr werdet entdecken, daß das, worauf der Herr euch innerlich lenkt, das gleiche ist, wie das, was auch in der Bibel klar zu lesen ist. Wenn sich aber eure innere Führung nicht mit der Aussage der Bibel deckt, dann ist der ersteren nicht zu trauen. Dann müßt ihr euch gedulden und weiterhin suchen. Erst wenn eure innere Führung und die Aussage der Bibel miteinander in Einklang stehen, wißt ihr, daß soweit alles gut ist.

Wenn diese beiden übereinstimmen, dann erhebt euer Haupt und sagt zum Herrn: »O Herr, du tust doch deinen Willen allezeit auch in der Umgebung kund. Es ist völlig undenkbar, daß du mich im Geiste führst und durch dein Wort gleichlautend lehrst, ohne mir auch in der Umgebung gleichgerichtete Hinweise zu geben. Herr, gestalte nun auch noch die Umgebung so, daß sie in die gleiche Richtung weist, wie schon die Bibel und die Führung des Heiligen Geistes.« Hierauf werdet ihr erfahren, daß Gott seinen Willen tatsächlich auch in der Umgebung erkennbar werden läßt. Wenn es aber nicht sein Wille ist, wird kein Haar schwarz oder weiß werden und auch nicht ein einziger Sperling auf die Erde fallen.

4. Der Grundgedanke der Gemeinde

Wie wir bisher erkennen durften, tut Gott seinen Willen in seinem Wort, im Geist des Menschen und in der Umgebung kund. Nun müssen wir noch einen weiteren Faktor erwähnen: Gott offenbart seinen Willen durch die Gemeinde. Es gibt keine unabhängig geltende Führung. Hier besteht ein wesentlicher Unterschied zwischen den heutigen Gotteskindern und dem Volk Gottes im Alten Testament. Damals wurden sie allein Gottes Volk; heute aber sind wir Gottes körperschaftlich verbundenes Volk. Sie wurden als eine Nation Gottes Volk, während wir als ein Leib Gottes Volk sind.

Keine Hand kann sich bewegen, ohne daß andere Teile des Leibes daran mitbeteiligt sind. Oder kann sich etwa die Hand bewegen, ohne daß sich damit auch der Leib bewegt? Können die Augen sehen, ohne daß auch der Leib sieht? Können die Ohren hören, und der Leib hört nicht? Das Hören der Ohren ist das Hören des Leibes; das Sehen der Augen ist das Sehen des Leibes. Obschon es die Füße sind, die gehen, ist es der Leib, der geht. So ist auch jede Führung Gottes nicht nur eine persönliche, sondern eine gemeinsame, da der ganze Leib eins ist. Das Licht Gottes befand sich im Allerheiligsten; dort erschien auch die Herrlichkeit Gottes. Wenn nun auch die Gemeinde wie ein Heiligtum ist, wird jetzt die Herrlichkeit in ihr offenbar, denn die Herrlichkeit Gottes hat ihren Platz im Heiligtum. Wir werden nicht nur als einzelne von Gott geführt, sondern auch der Leib; die Gesamtheit der Brüder und Schwestern empfängt durch uns Gottes Führung. Es ist nicht nur ein einzelner, der eine Entscheidung trifft, es ist vielmehr der Leib, der sie trifft. Wir müssen Gottes Willen auch gemäß dem Grundgedanken der gegenseitigen Verbundenheit kennenlernen.

Wenn diese vier Faktoren alle in die gleiche Richtung weisen, ist alles gut. Gottes Wille wird offenkundig in der Umgebung, in der Führung des Heiligen Geistes, in der Bibel und durch die Gemeinde. Nachdem einer die ersten drei Faktoren überprüft hat, bleibt ihm noch, sich der Zustimmung der Gemeinde zu vergewissern. Gott teilt seinen Willen nicht nur einem einzelnen Menschen mit, sondern einem Leib, das heißt, allen Brüdern und Schwestern. Es ist daher wichtig, sich über das eigene, innere Empfinden, über das Wort Gottes, über die Umgebung und als letztes über die Zustimmung der Gemeinde Klarheit zu verschaffen.

Wenn ich der einzige errettete Mensch auf Erden wäre, dann würde es völlig genügen, wenn ich für mich allein über Gottes Willen im klaren wäre. Nun gibt es aber viele erlöste Menschen auf Erden, und der Herr sagt, daß er in ihrer Mitte wohne. Nach dem Grundgedanken von Matthäus 18 habe ich die Gemeinde anzuhören. In diesem Abschnitt lesen wir von einem Bruder, der gegen einen andern gesündigt hat. Der Fehlbare muß auf seine Verfehlung aufmerksam gemacht werden. Ist es nicht sonderbar, daß es ihm gesagt werden muß? Er empfindet das Ganze nicht so, wie der andere Bruder. Als Christ sollte er doch eigentlich der erste sein, der sich seiner Sünde bewußt wird. Statt dessen hat er es nötig, getadelt zu werden. Er wird darauf aufmerksam gemacht, gegen einen andern gesündigt zu haben, aber er ist sich dessen nicht im geringsten bewußt. Sein Empfinden steht dem entgegen, was der andere empfindet.

Nachdem nun der Bruder, der gekränkt wurde, die ganze Sache ein paar andern Brüdern vorgelegt hat, halten auch sie alle dafür, daß der betreffende Bruder sich gegen ihn vergangen hat. Daher gehen sie nun alle zu ihm und sagen ihm, wie ungerecht er gehandelt habe. Nehmen wir nun an, er glaube weiterhin aufrichtig, nichts Unrechtes getan zu haben. Mitunter verharren ja Menschen bewußt unaufrichtig in der Finsternis, aber dieser Bruder ist aufrichtig, doch ohne Licht. Was ist da zu tun? Nun sollte auch die Gemeinde über diesen Vorfall unterrichtet werden. Wenn dann alle Brüder und Schwestern ebenfalls zum Schluß kommen, der betreffende Bruder habe ein Unrecht begangen, obschon er dies selbst immer noch nicht so empfindet, dann sagt der Herr, soll er ihnen wie ein Heide und Zöllner gelten.

Seht ihr nun, was Führung bedeutet? Führung heißt, die Gemeinde erfaßt zu haben. Dies ist wunderbar. Denkt nie, ihr allein wäret im Recht und der ganze Leib im Unrecht. Ihr müßt das Urteil der Gemeinde annehmen lernen. Wenn alle Brüder und Schwestern in ihrem Empfinden übereinstimmen, dann solltet ihr aufhorchen und euch dieses Empfinden der Gemeinde zu eigen machen. Dies ist ein biblisches Prinzip. Gottes Wille wird der der Gemeinde kundgetan. Daher sagt der Herr Jesus: »Was ihr auf Erden binden werdet, das wird im Himmel gebunden sein, und was ihr auf Erden lösen werdet, das wird im Himmel gelöst sein« (Matth. 18, 18). Die Gemeinde ist der Ort, da Gottes Licht zu finden ist. Die Gemeinde ist Gottes Wohnstätte. Das Urteil der Gemeinde des Herrn.

Die Gewißheit gründet auf der Übereinstimmung dieser vier Faktoren

Die Gemeinde muß in Gottes Licht wandeln lernen. Sie hat eine riesige Verantwortung. Wenn sie unbekümmert nach dem Fleisch handelt, statt im Geiste Gott zu dienen, dann allerdings ist auf ihr Urteil kein Verlaß. Die Gemeinde muß geistlich sein, und die Brüder und die Schwestern müssen sich ihrer Autorität unterordnen. Dann wird der Wille Gottes aufgrund dieser vier Faktoren offenbar werden. Um Gottes Willen zu erkennen, solltet ihr euch im klaren sein, was die Bibel lehrt, klar sein über eure innere Führung, klar sein, was Gott in eurer Umgebung vorkehrt und euch ebenso im klaren sein, was die Ansicht der Gemeinde ist. Wenn diese vier völlig miteinander im Einklang stehen, dann habt ihr einen geraden Weg vor euch. Dann könnt ihr euch darauf verlassen, daß es Gottes Wille ist.

Es ist etwas Großes, Gottes Willen zu kennen

Viele schienen anzunehmen, Gottes Willen zu erkennen sei ein Kleines. Glaubt mir aber, für uns, die wir uns wie kleine Insekten vorkommen, ist es tatsächlich etwas Großes, Gottes Willen erkennen zu können. Es erscheint mir schon seit Jahren wie ein Wunder, daß wir, die wir nur wie kleine Insekten und Würmlein sind, in Anspruch nehmen dürfen, Gottes Willen zu kennen. Wir sind in der Tat bloß Würmlein; dennoch kennen wir Gottes Entscheide. Ist das nicht etwas Großes, etwas das es wert ist, sich dessen zu rühmen? Mögen auch neu zum Glauben Gekommene bald erfahren, wie herrlich es ist, Gottes Willen zu kennen. Nachdem wir uns nun schon über zwanzig Jahre auf diesem Weg befinden, wissen wir etwas davon, was Großes es ist, Gottes Willen zu kennen. Gott neigt sich zu uns herab, um uns seinen Willen kundzutun. Wir können uns nur vor ihm beugen und ihn anbeten und ihm sagen, wie sehr wir diese Erkenntnis schätzen.

Das Problem beim Menschen

Obschon alle vier Faktoren klare Hinweise zu geben scheinen, ist es letztlich doch nicht unbedingt sicher, daß einer Gottes Willen erkannt hat, denn wer sich auf Methoden verläßt, kann leicht fehlgehen. Er muß aus tiefstem Herzen rufen: »Herr, ich bin dein Knecht; ich will deinen Willen tun.«

Im Alten Testament gab es ein Gesetz für Sklaven, die ihrem Herrn für immer dienen wollten. Ihnen wurde ein Ohr an der Tür mit einer Ahle durchbohrt (5. Mose 15, 7). Menschlich gesehen mag dies grausam erscheinen, aber der Herr zeigt uns damit, was wir tun sollten. Wir sollten zum Herrn kommen und sagen: »Mein Ohr ist an der Türe durchbohrt worden. Es ist nun offen für dein Wort. Ich will nun dir dienen und will deinen Willen freudig tun. Es ist mein Herzenswunsch, dir dienen zu dürfen, denn du bist mein Meister. Es ist mein tiefstes Verlangen, dein Knecht zu sein. Schenke es, daß ich dein Wort höre und deinen Willen erkenne.« Wir müssen so zum Herrn kommen und ihn darum bitten, sein Wort vernehmen zu können. Unsere Ohren sind durchbohrt worden, damit wir auf sein Wort hören. Wir warten auf des Herrn Befehl; wir warten darauf, gesandt zu werden.

Es macht mir oft Mühe, wenn ich sehe, wie viele Gottes Willen zu erfahren suchen, ohne auch wirklich bereit zu sein, ihn zu tun. Sie wünschen die richtige Methode zu kennen. Sie scheinen den Willen Gottes als eine Art Wissen zu betrachten, das man ungebraucht aufspeichern kann. Sie wenden sich an Gott, um seinen Willen zu erfahren, erwägen dann aber doch wieder alles mit ihren eigenen Gedanken. Vergessen wir doch nicht, was der Herr Jesus gesagt hat: »Will jemand seinen Willen tun, der wird innewerden . . .« (Joh. 1, 17). Laßt uns wirklich danach verlangend sein, Gottes Willen zu erkennen. Halten auch wir Gottes Willen für unsere Speise und unser Leben. Laßt uns lernen, seinem Willen zu gehorchen.

Wenn beides in Ordnung ist, der Mensch und die Methode, dann ist Frucht zu erwarten. Wenn aber der Mensch nicht richtig steht, bleibt die Methode unwirksam. Was mir am meisten Sorge bereitet, sind Leute, die die Methode kennen möchten, wie man Gottes Willen erkennen kann, während sie sich immer noch gegen Gott auflehnen. Ich kann euch da nur erneut daran erinnern, daß der Weg eines Christen ein übernatürlicher Weg ist. Wenn ihr für Gott ein warmes und lauteres Herz habt, bereit seinen Willen zu tun, dann werdet ihr ihn erfahren, und das selbst dann, wenn ihr nichts von einer Methode wißt. Gott will seinen Willen auch solchen kundtun, die nichts von Methoden wissen. Es ist etwas Wunderbares, daß die Augen des Herrn die ganze Erde durchstreifen, um sich an denen mächtig zu erweisen, die von ganzem Herzen ihm ergeben sind (2. Chron. 16, 9). In den Worten des hebräischen Urtextes ist der Gedanke des Nochmalsnachsehens enthalten, als ob der erste Blick nicht ganz genügt hätte. Die Augen des Herrn schauen hin und her, ob sie einen finden, der nach seinem Willen fragt. Einem solchen wird sich Gott offenbaren.

Mit einem gegen den Herrn lautern und aufrichtigen Herzen dürft auch ihr heute sagen: »Herr, ich möchte wirklich deinen Willen tun.« Glaubt mir, selbst wenn ihr nichts von den Methoden wißt, wie man Gottes Willen erfahren kann, werdet ihr ihn trotzdem unfehlbar erkennen. Gott muß euch seinen Willen kundtun. Er muß, er kann nicht anders, als euch sein Herz offenbaren. Er kann sogar die Blitze am Himmel brauchen, um euch seine Absicht mitzuteilen. Kein Gläubiger muß erst jahrelang warten, um endlich Gottes Willen erfahren zu können. Wir wünschten, alle Gläubigen würden vom allerersten Tag an alles was sie sind und haben Gott darbringen. Sie sollten lieber ihre Herzen opfern, als den christlichen Maßstab herabzusetzen zu versuchen.